教育部人文社会科学研究青年项目（项目编号：23YJC630170）

山东省自然科学基金青年项目（项目编号：ZR2023QG150）

山东省高等学校优秀青年创新团队项目（项目编号：2022RW077）

瞪羚企业认定政策研究

汪 蕾◎著

九州出版社
JIUZHOUPRESS

图书在版编目（CIP）数据

瞪羚企业认定政策研究／汪蕾著．北京：九州
出版社，2024.9. -- ISBN 978-7-5225-3384-1

Ⅰ. F279. 244. 4

中国国家版本馆 CIP 数据核字第 2024HL7848 号

瞪羚企业认定政策研究

作　　者	汪　蕾 著
责任编辑	周红斌
出版发行	九州出版社
地　　址	北京市西城区阜外大街甲 35 号（100037）
发行电话	（010）68992190/3/5/6
网　　址	www. jiuzhoupress. com
印　　刷	唐山才智印刷有限公司
开　　本	710 毫米×1000 毫米　16 开
印　　张	13
字　　数	214 千字
版　　次	2025 年 1 月第 1 版
印　　次	2025 年 1 月第 1 次印刷
书　　号	ISBN 978-7-5225-3384-1
定　　价	85.00 元

序　言

瞪羚企业是规模不大但成长快、创新活跃的新群体，它们的出现和发展符合当今国家新旧动能转换的战略理念，正在成为我国"新常态"下推动经济高质量发展的重要动力。2003 年，"瞪羚计划"首次在北京中关村科技园区试点实施，随后各地纷纷因地制宜地开展瞪羚企业认定工作，截至目前，我国已有 25 个省份推出瞪羚企业认定政策。尽管我国瞪羚企业发展势头迅猛、瞪羚企业认定政策遍地开花，但关于瞪羚企业认定政策扩散的原因及其影响尚不够清晰，需要进行科学的研究。基于以上背景，本书开展了以下五个方面的研究。

第一，本书梳理和总结了我国瞪羚企业认定工作发展历程，对比分析国内外瞪羚企业认定政策与扶持措施，并且对国内瞪羚企业认定政策进行量化评价。研究发现：与国外瞪羚企业政策相比，我国瞪羚企业认定政策的认定对象更明确、权利划分更清晰、政策内容更全面，更有利于支持瞪羚企业的发展；我国瞪羚企业认定政策整体评价为良好，具体分地区来看，4 个省级行政区的瞪羚企业认定政策评价为优秀，13 个省级行政区的瞪羚企业认定政策评价为良好，4 个省级行政区的瞪羚企业认定政策评价为一般，这说明我国瞪羚企业认定政策未来仍有可提升的空间。

第二，本书构建了瞪羚企业认定政策扩散的理论模型，分析两个相互竞争的地方政府为了最大化自身效用，决定何时推出瞪羚企业认定政策，并且从逻辑上分析内部晋升动力和外部压力影响瞪羚企业认定政策扩散的原因，分析瞪羚企业认定政策对企业迎合行为、企业创新质量、企业绩效、企业社会贡献、地区经济发展的影响及其作用机制。

第三，本书从地方政府视角出发，实证检验瞪羚企业认定政策扩散的原因。研究发现：政府换届和官员异地交流推动了瞪羚企业认定政策的扩散；同级压力促进了瞪羚企业认定政策的扩散，而上级压力对瞪羚企业认定政策扩散的影响不显著。瞪羚企业认定政策扩散的原因存在显著的区域异质性，政府换届显著促进了北方地区瞪羚企业认定政策的扩散，而官员异地交流则显著促进了南方地区瞪羚企业认定政策的扩散；同级压力对北方地区瞪羚企业认定政策扩散的影响大于对南方地区的影响。

第四，本书分别检验了瞪羚企业认定政策对企业和社会的影响。关于对企业的影响，研究发现瞪羚企业认定政策会使企业出现寻租和正向盈余操纵的迎合行为；瞪羚企业认定政策通过提升企业盈利能力、人力资本投入、资金配置效率提高企业创新质量；瞪羚企业认定政策总体上提升了企业绩效，具体而言，通过缓解融资约束、提升创新质量改善企业绩效，会刺激企业进行寻租而降低企业绩效。关于对社会的影响，研究发现瞪羚企业认定政策总体上提高了企业的税收贡献和就业贡献，具体而言，通过规模效应和效率效应提高企业的税收贡献，通过规模效应增加企业的就业贡献。但通过效率效应降低了企业的就业贡献。瞪羚企业认定政策通过提升地区创新创业产出和市场化水平提升了地区经济产出。

第五，基于研究结论，本书从优化政府考核机制与加强舆论监督、科学制定瞪羚企业认定政策、继续推进市场化改革、加强企业审计与提高企业信息披露程度四个方面提出了政策建议。

在当前政策变迁与创新较为频繁的社会背景下，本书的研究有利于丰富对公共政策扩散机制的认识，拓展公共政策扩散研究的理论边界，揭示瞪羚企业认定政策影响企业和社会发展的逻辑。本书面向的读者对象主要为经济管理相关专业的本科生、研究生、教师等。本书的写作特点为理论分析结合实证检验，构建瞪羚企业认定政策扩散的理论模型和瞪羚企业认定政策影响企业和社会的逻辑框架，基于实证检验得出研究结论，并从多角度提出政策建议。

目 录
CONTENTS

第一章

绪　论

第一节　研究背景和研究意义

一、研究背景

"瞪羚企业"是美国麻省理工学院教授大卫·伯奇（David Birch）[①]于1979年首次提出的概念，他用"瞪羚企业"一词指代处于最高增长百分位数的企业，并认为它们对创造就业机会做出了重要贡献。之后的几十年里，世界各国学者都关注并研究瞪羚企业对社会发展的重要作用。佩·戴维森（Per Davidsson）和马格努斯·翰林克森（Magnus Henrekson）于2002年指出高增长的瞪羚企业在美国贡献了70%的新增就业；[②] 佐尔坦·J. 艾斯（Zoltan J. Acs）等人于2008年发现瞪羚企业有利于推动创新进步和创新传播；[③] 威尔·赫顿（Will Hutton）和尼

① BIRCH D. *The Job Generation Process* [M]. Cambridge：Massachusetts Institute of Technology，1979.

② DAVIDSSON P，HENREKSON M. Determinants of the Prevalance of Start-ups and High-growth Firms [J]. *Small Business Economics*，2002，19（2）：81-104.

③ ACS Z J，et al. Employment Effects of Business Dynamics：Mice，Gazelles and Elephants [J]. *Small Business Economics*，2008，30（1）：85-100.

尔·李（Neil Lee）于 2012 年指出瞪羚企业在英国 20 世纪 80 年代经济衰退后的复苏中起着十分重要的作用。① 瞪羚企业的迅速发展和重要作用也引起越来越多管理者和管理决策研究者的重视。欧盟统计局在2007—2008 年与经济合作与发展组织（Organization for Economic Co-operation and Development，OECD）联合编制了《欧盟统计局—OECD 商业统计手册》，该手册包含衡量经济发展的各种商业数据，其中一项重要数据是瞪羚企业商业数据，且手册正式提出了瞪羚企业标准——成立时间不超过 5 年、至少拥有 10 名以上员工，且满足 3 年内年收入增长率或雇员增长率超过 20%。欧盟委员会发布的《欧洲 2020 战略》研究报告提出，应将支持瞪羚企业发展作为一项政治目标。大卫·斯莫尔本（David Smallbone）等人②、艾琳·费舍尔（Eileen Fischer）与丽贝卡·罗伊贝尔（Rebecca Reuber）③ 都在研究中提到应制定瞪羚企业相关政策，并将其提升至促进地区和国家发展的重要议程。

在我国，"瞪羚计划"于 2003 年首次在北京中关村科技园区试点实施，随后各城市纷纷因地制宜地开展瞪羚企业认定工作。2019 年 7月 15 日，李克强在主持召开经济形势专家和企业家座谈会时提出，要创造有利条件，催生更多"独角兽企业""瞪羚企业"、新领军者企业，加快新动能培育和新旧动能转换。根据 2020 年 10 月 22 日公布的《国家高新区瞪羚企业发展报告（2019）》，瞪羚企业正在成为"新常态"下推动经济高质量发展的重要动力：瞪羚企业引领经济发展，2018 年

---

① HUTTON W, LEE N. The City and the Cities：Ownership, Finance and the Geography of Recovery［J］. *Cambridge Journal of the Regions, Economy and Society*，2012（5）：325-337.

② SMALLBONE D, BALDOCK R, BURGESS S. Targeted Support for High-growth Start-ups：Some Policy Issues［J］. *Environment and Planning C：Government and Policy*，2002（20）：195-209.

③ FISCHER E, REUBER R. Support for Rapid-growth Firms：A Comparison of the Views of Founders, Government Policymakers, and Private Sector Resource Providers［J］. *Journal of Small Business Management*，2003（41）：346-365.

国家高新区瞪羚企业人均营业收入为 131.9 万元，人均工业总产值为 69.3 万元，人均净利润为 16.7 万元，期末从业人员达 106.6 万人，平均从业人员数量为 359 人，核心经济指标均远高于高新区企业平均水平；瞪羚企业创新动力强劲，2018 年我国高新区瞪羚企业中有 1998 家从事高技术产业，占瞪羚企业总数的 67.3%，其中高技术制造业 683 家、高技术服务业 1315 家，瞪羚企业群体平均科技活动投入强度为 9.2%，科技活动人员占比达 35.09%；瞪羚企业在贸易摩擦环境中仍保持外贸增长，2018 年国家高新区瞪羚企业中共有 905 家涉及对外进出口贸易，出口总额达到 1398.5 亿元，同比增长 44.2%，高新技术产品出口、技术服务出口和境外分支机构数量均呈增长趋势。随着瞪羚企业在推动新旧动能转换、引领经济发展中的作用日益显现，各地积极开展瞪羚企业认定和培育工作，截至目前，我国已有 25 个省份推出瞪羚企业认定政策。

瞪羚企业的发展有目共睹，与其他由国家或上级主管部门强制推行的政策不同，瞪羚企业认定政策具有很强的地方自发性，所以理解地方政府的决策动机自然成为研究的重要问题。加之瞪羚企业在经济发展中的重要地位日益显现，研究瞪羚企业认定政策对于企业发展和社会发展的影响也开始变得日益重要，但由于我国瞪羚企业的发展时间较短，目前关于瞪羚企业认定政策扩散的原因及其影响尚不够清晰。基于此，本书以瞪羚企业认定政策为对象，研究瞪羚企业认定政策扩散的原因及其影响，主要回答以下几个问题：内部晋升动力和外部压力如何影响瞪羚企业认定政策扩散？瞪羚企业认定政策如何影响了企业的迎合行为、企业的创新质量、企业的绩效？内在的影响机制是什么？瞪羚企业认定政策如何影响企业的税收贡献、就业贡献和地区经济发展？内在的影响机制是什么？

二、研究意义

瞪羚企业是规模不大但成长快、创新活跃的新群体，它们的出现和发展符合当今国家推动新旧动能转换和经济高质量发展的战略理念。鉴于我国瞪羚企业发展的迅猛势头和瞪羚企业认定政策遍地开花的现实，研究瞪羚企业认定政策扩散的原因以及对企业和社会的影响具有重要的理论和实践意义。

从理论上看，由于我国瞪羚企业认定工作起步较晚，国内与瞪羚企业相关的研究相对较少且不清晰，已有的文献或从定性的角度分析瞪羚企业认定政策的影响，或运用案例研究或小样本统计的方法研究瞪羚企业的发展问题，鲜有学者从理论上分析瞪羚企业认定政策扩散的原因及其对企业和社会的影响。鉴于此，本书首先建立理论模型从地方政府视角分析瞪羚企业认定政策扩散的原因，并且分别分析瞪羚企业认定政策影响企业迎合行为、企业创新质量、企业绩效、企业社会贡献、地区经济发展的作用机制；在理论分析的基础上，本书运用实证方法验证了上述理论分析。在当前政策变迁与创新较为频繁的社会背景下，本书研究瞪羚企业认定政策扩散有利于丰富对公共政策扩散机制的认识，拓展公共政策扩散研究的理论边界；有助于理解央—地政府委托代理关系下的地方政府行为机制，明晰地方政府的决策动机和内在逻辑；有利于深入探究瞪羚企业认定政策发挥影响的逻辑机制，丰富瞪羚企业相关研究。

从实践上看，与其他由国家或上级主管部门强制推行的政策不同，瞪羚企业认定政策具有很强的地方自发性，分析瞪羚企业认定政策扩散的原因及其对企业和社会的影响有助于优化和改善未来瞪羚企业认定工作。研究发现，政府换届和官员异地交流所产生的内部晋升动力和同级政府带来的外部压力能显著促进瞪羚企业认定政策扩散；关于对企业的影响，瞪羚企业认定政策会使企业出现寻租和正向盈余操纵的迎合行为，通过提高企业盈利能力、人力资本投入、资金配置效率提升企业创新质量，通过缓解融资约束、提升创新质量改善企业绩效，但是会刺激企业进行寻租而降低企业绩效；关于对社会的影响，瞪羚企业认定政策通过规模效应和效率效应提高企业税收贡献，通过规模效应增加企业就业贡献，但通过效率效应降低企业就业贡献，通过提高地区创新产出和市场化水平促进地区经济发展。基于以上结论，本书从优化政府考核机制与加强舆论监督、科学制定瞪羚企业认定政策、继续推进市场化改革、加强企业审计与提高企业信息披露程度四个方面提出了政策建议，对未来进一步完善瞪羚企业认定政策具有指导价值。

第二节　研究思路和研究方法

一、研究思路

本书以瞪羚企业认定政策为研究对象，按照理论分析到实证检验的研究思路，具体考察瞪羚企业认定政策扩散的原因，以及瞪羚企业认定政策对企业和社会的影响及其作用机制。

本书首先对瞪羚企业相关的文献进行评述，并回顾与本研究相关的政策扩散理论、信息不对称理论、寻租和盈余操纵理论、产业政策效应的相关理论。在文献评述和理论回顾的基础上，本书对我国瞪羚企业发展现状和瞪羚企业认定政策进行梳理，与国际瞪羚企业政策进行比较；基于目前国内已推出的瞪羚企业认定政策文件，对我国瞪羚企业认定政策进行量化评价，多维度挖掘我国瞪羚企业认定政策发展过程中呈现的特点和可能存在的问题。接着，本书从理论上分析了瞪羚企业认定政策扩散的原因、瞪羚企业认定政策对企业和社会的影响及其作用机制。基于以上现实背景和理论分析，本书展开两大部分实证检验：第一部分是实证检验瞪羚企业认定政策扩散的原因，并对比南北方地区瞪羚企业认定政策扩散原因的差异。第二部分是实证检验瞪羚企业认定政策的影响，包括瞪羚企业认定政策对企业的影响和对社会的影响。其中，瞪羚企业认定政策对企业的影响分析包括对企业迎合行为、企业创新质量、企业绩效的影响分析；瞪羚企业认定政策对社会的影响分析包括对地区经济发展、企业税收贡献和就业贡献的影响分析。最后，本书基于理论分析和实证检验的研究结果，对应提出了未来进一步改善瞪羚企业认定工作的政策建议。

二、研究方法

本书主要使用的计量方法有：

（一）PMC 指数模型

本书在第三章运用 PMC 指数模型对我国瞪羚企业认定政策进行量化评价，分析我国瞪羚企业认定政策的现状和可能存在的问题。采用该方法的原因是，与其他常见的政策评价模型相比，PMC 指数模型在构建投入产出表时，二级变量的数量不受限制，评价指标更全面；而且 PMC 指数模型的指标从政策文本中直接提取，能在一定程度上降低人为主观判断对评估结果的影响，有助于提升政策评价的客观性与准确性。

（二）事件史分析法

本书在第五章运用事件史分析法研究瞪羚企业认定政策扩散的原因。与传统的参数估计方法相比，事件史分析法的优点是可以最大程度地利用删失样本，该方法是研究政策扩散问题常用的实证方法。

（三）倾向得分匹配法

由于企业是否被认定为瞪羚企业并不是随机的，如果直接使用 OLS 法回归分析，得到的结果是有偏的，这会导致研究结论的说服力下降。因此，本书在第六章和第七章使用倾向得分匹配法，基于既定的可观测特征变量进行匹配，使处理组个体和控制组个体尽可能相似，以缓解可能存在的样本选择偏差问题，以提高研究的可信度和信服力。

（四）渐进双重差分模型

本书研究的瞪羚企业认定工作每年开展一次，因此不同企业被认定为瞪羚企业的时间并不完全相同，这使得传统双重差分模型不再适用于瞪羚企业认定问题的分析。而渐进双重差分模型是一种允许处理效应发生时间不同的双重差分模型，因此，本书在第六章和第七章利用该模型研究瞪羚企业认定对企业迎合行为、企业创新质量、企业绩效、企业社会贡献、地区经济发展的影响。

（五）中介效应模型

本书在第六章和第七章运用中介效应模型研究瞪羚企业认定政策影响企业创新质量、企业绩效、企业社会贡献和地区经济发展的作用机制。

（六）Heckman 模型

申报瞪羚企业认定属于企业的自主行为，经营状况较好、创新活动活跃的企业更倾向于申请认定，即样本有可能存在自选择问题。因此，本书在第六章和第七章的稳健性检验部分使用 Heckman 模型，用以佐证研究结果的稳健性。

（七）反事实检验法

本书在第六章和第七章的稳健性检验部分使用反事实检验法。如果反事实假定下的检验结果不显著，则证明原实证结果是稳健的。

第三节 研究内容和研究框架

一、研究内容

第一章，绪论。本章阐述本书研究的背景和意义、思路与方法、内容与框架，以及本研究的创新之处。

第二章，文献综述与理论回顾。本章对与瞪羚企业有关的国内外文献进行评述，总结现有研究的可借鉴之处与不足之处，为后文研究奠定文献基础。回顾政策扩散理论、信息不对称理论、寻租和盈余操纵理论、产业政策效应的相关理论，分析瞪羚企业认定政策扩散的理论根源和瞪羚企业认定政策影响企业行为和社会发展的内在逻辑，为后文的进一步研究奠定理论基础。

第三章，我国瞪羚企业认定政策的现状、国际比较与量化评价。本章梳理了我国瞪羚企业认定政策推出的总体历程，比较国内外瞪羚企业认定标准和扶持措施；基于目前国内已推出的瞪羚企业认定政策的具体文件，对我国瞪羚企业认定政策进行量化评价，并进行纵向和横向的对比分析，多维度挖掘我国瞪羚企业认定政策发展过程中呈现的优点和可能存在的问题。本章内容为后文的理论模型和实证模型的设定提供现实依据。

第四章，瞪羚企业认定政策扩散原因及其影响的理论分析。本章首先建立一个博弈模型，分析两个相互竞争的地方政府为了最大化自身效用，决定何时推出瞪羚企业认定政策。接着，本章从逻辑上分析内部晋升动力和外部竞争压力影响瞪羚企业认定政策扩散的原因，分析瞪羚企业认定政策对企业迎合行为、企业创新质量、企业绩效、企业社会贡献、地区经济发展的影响及其作用机制。本章内容为后文提出待检验的命题和假设。

第五章，瞪羚企业认定政策扩散原因的实证分析。本章基于事件史分析方法，利用地级市推行瞪羚企业认定政策的数据，以政府换届和官员异地交流衡量内部晋升动力，以同级压力和上级压力衡量外部压力，从内部晋升动力和外部压力两个方面，从地方政府的视角实证检验瞪羚企业认定政策扩散的原因，并进一步分析南北方地区瞪羚企业认定政策扩散的差异及原因。

　　第六章，瞪羚企业认定政策对企业影响的实证分析。本章基于微观企业数据，运用倾向得分匹配—渐进双重差分方法，分别研究瞪羚企业认定政策对企业迎合行为、企业创新质量、企业绩效的影响。首先，实证研究了瞪羚企业认定是否会导致企业采取迎合行为，分析瞪羚企业认定政策对不同行业、不同地区企业迎合行为的异质性效应；其次，实证研究了瞪羚企业认定对企业创新质量的影响，分析瞪羚企业认定对处于不同地区、不同行业企业创新质量的异质性效应，从企业盈利能力、人力资本投入和资金配置效率的角度分析瞪羚企业认定政策影响企业创新质量的作用机制，分析市场化水平和知识产权保护如何发挥调节效应；最后，实证研究了瞪羚企业认定政策对企业绩效的影响及异质性效应，并从市场化水平的角度分析瞪羚企业认定影响的调节机制，从企业融资活动、寻租活动和创新活动三个角度讨论瞪羚企业认定影响企业绩效的内在作用机制。

　　第七章，瞪羚企业认定政策对社会影响的实证分析。本章基于微观和宏观统计数据，运用倾向得分匹配—渐进双重差分方法，分别研究瞪羚企业认定政策对企业税收贡献和就业贡献、地区经济发展的影响。首先，实证研究了瞪羚企业认定政策对企业税收贡献和就业贡献的影响，从规模效应和效率效应的角度分析瞪羚企业认定影响企业税收贡献和就业贡献的作用机制；其次，实证研究了瞪羚企业认定政策对地区经济发展的影响，从地区创新创业产出和市场化水平的角度分析瞪羚企业认定影响地区经济发展的作用机制。

　　第八章，研究结论与政策建议。本章对全书的研究结论进行总结，对未来瞪羚企业认定工作提出对应政策建议，并指出本书研究仍存在的不足之处和未来可能的扩展研究方向。

二、研究框架

　　根据本书的研究思路与研究内容，本书的研究框架如图1-1所示：

研究背景

（第一章）

⇓

研究基础

文献综述

| 瞪羚企业特征
与分布规律 | 瞪羚企业的识
别与预测 | 影响瞪羚企业
发展的因素 | 瞪羚企业发展
的影响 |

理论基础

（第二章）

相关理论

| 政策扩散理论 | 信息不对称理论 | 寻租和盈余
操纵理论 | 产业政策效应
相关理论 |

现实基础

（第三章）

| 瞪羚企业认定工作
总体历程 | 国内外瞪羚企业认
定政策对比分析 | 瞪羚企业认定政策
量化评价 |

⇓

**理论分析
与实证研究**

（第四章至第七章）

瞪羚企业认定政策
扩散的原因分析

内部动力 ✚ 外部压力

政府换届 　　 同级压力

异地交流 　　 上级压力

事件史分析

区域异质性

对企业的影响　　　对社会的影响

瞪羚企业认定
政策的影响分析

迎合行为　　　　　　税收贡献

创新质量　瞪羚企业　就业贡献
　　　　　认定政策

企业绩效　　　　　　经济增长

倾向得分匹配—
渐进双重差分

作用机制

⇓

结论与建议

（第八章）

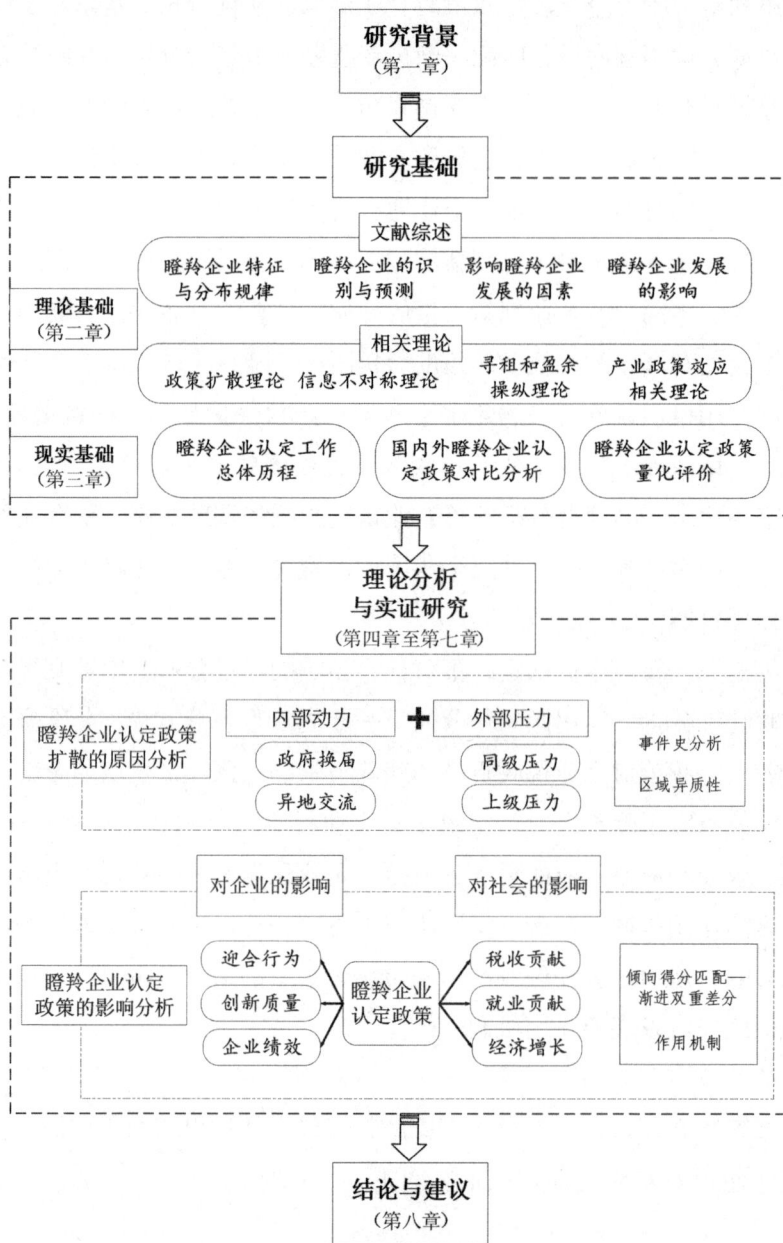

图 1-1　研究框架图

第四节 本书的创新之处

第一，本书构建了瞪羚企业认定政策扩散的理论模型。模型分析了两个相互竞争的地方政府为了最大化自身效用，决定何时推出瞪羚企业认定政策。研究发现，地方政府官员晋升的可能性越大，其越有可能推出瞪羚企业认定政策；同级竞争压力会促使地方政府更有动机推出瞪羚企业认定政策。本书构建的瞪羚企业认定政策扩散模型不仅为后文实证分析提供理论基础，使得逻辑脉络更为清晰，而且从理论上拓展了瞪羚企业的相关研究。

第二，本书实证分析了瞪羚企业认定政策扩散的原因。在瞪羚企业认定政策扩散理论模型的基础上，从地方政府视角出发，以政府换届和官员异地交流衡量内部晋升动力，以同级压力和上级压力衡量外部压力，从内部晋升动力和外部压力两个方面，采用事件史分析方法，研究了瞪羚企业认定政策扩散的内在原因。研究发现，政府换届和官员异地交流产生的内部晋升动力显著促进了瞪羚企业认定政策扩散；同级压力对瞪羚企业认定政策的扩散具有显著的促进作用，上级压力对瞪羚企业认定政策扩散的影响不显著。研究瞪羚企业认定政策扩散的原因，有利于深入理解央—地政府委托代理关系下的地方政府行为机制，明晰地方政府的决策动机和内在逻辑；在当前政策变迁与创新较为频繁的社会背景下，研究瞪羚企业认定政策扩散有利于丰富对公共政策扩散机制的认识，拓展公共政策扩散研究的理论边界，为未来完善瞪羚企业认定政策提供参考。

第三，本书实证分析了瞪羚企业认定政策扩散的影响。基于第四章的理论分析，本书将网上公开的瞪羚企业认定名单与新三板企业库进行匹配，获得2011—2020年在新三板挂牌转让的瞪羚企业样本，并将这部分企业作为处理组，将其他新三板企业作为对照组，实证检验瞪羚企业认定政策对企业迎合行为、企业创新质量、企业绩效、企业社会贡献的影响，运用地市级统计数据实证检验瞪羚企业认定政策对地区经济发展的影响。关于对企业的影响，研究发现瞪羚企业认定政策会使企业进行寻租和正向盈余操纵；瞪羚企业认定政策通过提升企业盈利能力、人力资本投入、资金配置效率提高企业创新质量；瞪羚企业认定政策总体上提升了企业绩效，具体而言，通过缓解融资约束、提升创新质量改善企业绩效，但是会刺激企业进行寻租而降低企业绩效。关于对社会的影响，研究发现瞪羚企业认定政策总体上提高了企业的税收贡献和就业贡献。具体而言，通过规模效应和效率效应提高企业的税收贡献，通过规模效应增加企业的就业贡献，但通过效率效应降低了企业的就业贡献；瞪羚企业认定政策通过提升地区创新创业产出和市场化水平促进了地区经济发展。上述研究结果揭示了瞪羚企业认定政策对企业和社会发展的影响，解释了其中的逻辑机理，有助于指导各级政府对瞪羚企业认定工作成果的评价与总结。

第二章

文献综述

本书研究的是瞪羚企业认定政策扩散的原因及其对企业和社会的影响，因此文献综述的内容包括：（1）瞪羚企业相关研究，这是与本书最直接相关的一类文献。（2）相关理论回顾，包括政策扩散理论、信息不对称理论、寻租和盈余操纵理论、产业政策效应相关理论。其中，政策扩散理论与瞪羚企业认定政策扩散的原因研究密切相关；信息不对称理论、寻租和盈余操纵理论有助于解释瞪羚企业认定政策影响企业迎合行为的现象；由于产业政策的相关研究较多，本书选取产业政策影响企业和社会发展的文献进行综述，这有助于理解瞪羚企业认定政策对企业和社会的影响及其作用机制。

第一节　瞪羚企业相关研究

这一部分主要从瞪羚企业的特征与分布规律、瞪羚企业的识别与预测、影响瞪羚企业发展的因素和瞪羚企业的影响这四个方面对已有文献进行回顾。

一、瞪羚企业的特征与分布规律

已有研究认为瞪羚企业通常具备以下特征：创造大量就业机会、生产率增长高于平均水平、高水平创新、国际化水平较高。具体而言，亚历克斯·科德（Alex Coad）等人在研究中发现，瞪羚企业更有可能雇用年轻人、教育程度较低的工人、移民和经历过较长失业期的个人，为那些在劳动力市场上经常被边缘化的群体提供了就业机会。[1] 关于瞪羚企业的高增长应归因于企业收购还是企业有机增长，学者之间仍然存在很多争议。许多学者认为瞪羚企业的高增长趋势通常难以维持，例如，西蒙·C. 帕克（Simon C. Parker）等人发现瞪羚企业的增长速度会在生长期后的五年内显著降低。[2] 但维尔纳·候尔（Werner Holzl）在研究中指出，瞪羚企业在经历快速增长期后，比对照组公司仍有更高的增长率。[3] 关于瞪羚企业的融资模式，大卫·斯莫尔本等人通过调查发现，超过一半的被调查公司（53%）在创业时完全自筹资金，近29%的瞪羚企业获得过银行贷款，2%获得过软贷款，2%获得过启动资金，4%获得过风险资本，5%获得过家庭融资，10%使用其他融资（如特许经营安排）。[4] 关于瞪羚企业的战略与运营，艾琳·费舍尔和丽贝卡·罗伊贝尔基于访谈调研和扎根理论研究，指出虽然政策制定者和外部资源提供商有动机与瞪羚企业互动、为其提供战略咨询，但是瞪羚企业经营者更倾向于从同行那里获得经营建议；[5] 娜塔莉亚·里日科娃（Natalia

---

[1] COAD A, DAUNFELDT S O, Johansson D, et al. Whom Do High-growth Firms Hire? [J]. *Industrial and Corporate Change*, 2014, 12（1）: 175-199.

[2] PARKER S C, STOREY D J, WITTELOOSTUIJN A. What Happens to Gazelles? The Importance of Dynamic Management Strategy [J]. *Small Business Economics*, 2010, 35: 203-226.

[3] HÖLZL W. Persistence, Survival, and Growth: A Closer Look at 20 Years of Fast-growing Firms in Austria [J]. *Industrial and Corporate Change*, 2014, 23（1）: 199-231.

[4] SMALLBONE D, BALDOCK R, BURGESS S. Targeted Support for High-growth Start-ups: Some Policy Issues [J]. *Environment and Planning C: Government and Policy*, 2002（20）: 195-209.

[5] FISCHER E, REUBER R. Support for Rapid-growth Firms: A Comparison of the Views of Founders, Government Policymakers, and Private Sector Resource Providers [J]. *Journal of Small Business Management*, 2003（41）: 346-365.

Ryzhkova）和奥西·帕西玛（Ossi Pesämaa）发现瞪羚企业通常会在信息战略上投入大量资金，从而能获取信息优势，提升企业运营效率。①

关于瞪羚企业的空间分布和行业分布，现有文献存在两种观点：一种观点认为，瞪羚企业在空间和行业上没有明显的分布规律，如埃里克·斯塔姆（Erik Stam）发现荷兰瞪羚企业的空间分布没有显著的规律；② 大卫·斯莫尔本等人发现瞪羚企业在大城市和农村都有分布，并指出这一现象的原因可能是企业通过制定地方性发展战略来克服区位竞争，从而在城市周边地区也能实现快速增长。③ 另一种观点认为，瞪羚企业在空间和行业上的分布有明显规律，如科林·加拉格尔（Colin Gallagher）和保罗·米勒（Paul Miller）发现英国瞪羚企业集中分布在中心城市区；④ 埃里克·斯塔姆发现高科技制造业的瞪羚企业相对数最多、知识密集型商业服务业的瞪羚企业绝对数量最多。⑤

二、瞪羚企业的识别与预测

关于瞪羚企业的识别，许多研究使用的是欧盟国家和经合组织对瞪羚企业的定义——成立时间不超过 5 年且符合高成长企业标准（3 年期间年化收入增长率或雇员增长率超过20%，且拥有 10 名以上员工）。但斯文欧·敦费尔德特（Sven-Olov Daunfeldt）等人认为盲目使用这一定

① RYZHKOVA N, PESÄMAA O. Absorptive Capacity, Collaboration with Customers and Innovation Performance of Gazelle Companies in Knowledge-intensive Industries [J]. *International Journal of Innovation Management*, 2015, 19 (5), 1550059.
② STAM E. The Geography of Gazelles in the Netherlands [J]. *Tijdschrift voor Economische en Sociale Geografie*, 2005, 96 (1): 121-127.
③ SMALLBONE D, BALDOCK R, BURGESS S. Targeted Support for High-growth Start-ups: Some Policy Issues [J]. *Environment and Planning C: Government and Policy*, 2002, 20 (2): 195-209.
④ GALLAGHER C, MILLER P. New Fast-growing Companies Create Jobs [J]. *Long Range Planning*, 1991 (24): 96-101.
⑤ STAM E. The Geography of Gazelles in the Netherlands [J]. *Tijdschrift voor Economische en Sociale Geografie*, 2005, 96 (1): 121-127.

义会将高增长的小型创业公司排除在外，进而导致样本选择问题，影响研究结论和政策导向。① 对于瞪羚企业识别指标的增长测度，利昂·东奎斯特（Leo Tornqvist）等人用对数百分比变化作为相对增长的度量，将绝对变化和相对变化合并成一个数字。② 维尔纳·候尔提出 Birch 指数，在测度中结合绝对员工数量和相对员工数量，减少企业规模对识别指标的影响，他基于 1985—2006 年间奥地利瞪羚企业数据，运用匹配的方法构建企业控制组，发现当使用欧盟统计局和经合组织的定义识别瞪羚企业时，瞪羚企业持续快速增长的概率很小，而当使用 Birch 指数识别瞪羚企业时，企业的高增长更持久。③ 在识别方法上，米舍利娜·州休伊（Micheline Goedhuys）和利昂·斯路威根（Leo Sleuwaegen）指出，与利用调查数据预测企业发展的方法相比，专家评审团对瞪羚企业的识别更准确。④

　　一直以来，企业家、投资者和政策制定者对预测瞪羚企业的发展有相当大的兴趣。亚历克斯·科德和斯捷潘·斯罗伊（Stjepan Srhoj）基于克罗地亚共和国和斯洛文尼亚的瞪羚企业数据，指出销售额、利润、固定资产、无形资产、出口是瞪羚企业的正向预测因子，原材料、供应和库存是瞪羚企业的负向预测因子。⑤ 雷娜塔·科尔萨基耶涅（Renata Korsakiene）等人基于对 177 家立陶宛瞪羚企业样本，研究发现创业网

---

① DAUNFELDT S O, ELERT N, JOHANSSON D. Are High-growth Firms Overrepresented in High-tech Industries? [J]. *Industrial and Corporate Change*, 2015, 25 (1): 1-21.

② TORNQVIST L, VARTIA P, VARTIA Y O. How Should Relative Changes Be Measured? [J]. *American Statistician*, 1985, 39 (1): 43-46.

③ HÖLZL W. Persistence, Survival, and Growth: A Closer Look at 20 Years of Fast-growing Firms in Austria [J]. *Industrial and Corporate Change*, 2014, 23 (1): 199-231.

④ GOEDHUYS M, SLEUWAEGEN L. High-growth entrepreneurial firms in Africa: a quantile regression approach [J]. *Small Business Economics*, 2010 (34): 31-51.

⑤ COAD A, SRHOJ S. Catching Gazelles with a Lasso: Big Data Techniques for the Prediction of High-growth Firms [J]. *Small Business Economics*, 2020 (55): 541-565.

络和所有者/管理者的外语能力是瞪羚企业国际化程度的良好预测因子。①

三、影响瞪羚企业发展的因素

现有研究主要从宏观和微观两个方面探讨影响瞪羚企业发展的因素。

宏观方面，布鲁斯·法利克（Bruce Fallick）等人②、马克·J. 加梅斯（Mark J. Garmaise）③、马特·马克思（Matt Marx）等人④、萨帕沙·萨米拉（Sampsa Samila）和奥拉夫·索伦森（Olav Sorenson）⑤ 都认为禁止离职员工从事竞争性项目的协议不利于员工追求创新理念，废除这类协议有助于减轻瞪羚企业发展的阻碍。梅赛德斯·特鲁埃尔（Mercedes Teruel）和格里特·D. 威特（Gerrit D. Wit）认为，劳动力保护会对瞪羚企业发展产生负面影响，原因在于就业保护使个人更倾向于成为雇员，而不是成为创业者；⑥ 梅赛德斯·特鲁埃尔和格里特·D. 威特还发现，行政准入监管也会在一定程度上不利于瞪羚企业数量的增加，原因在于过于严格的行政准入监管会导致新公司数量减少，这可能

---

① KORSAKIENE R, SVAJONE B, SARKA H. The Effects of Entrepreneurs' Characteristics on Internationalisation of Gazelle Firms: A Case of Lithuania [J]. *Economic Research*, 2019, 32 (1): 2864-2881.

② FALLICK B, FLEISCHMAN C A, REBITZER J B. Job-hopping in Silicon Valley: Some Evidence Concerning the Microfoundations of a High-technology Cluster [J]. *Review of E-conomics and Statistics*, 2006 (88): 472-481.

③ GARMAISE M J. Ties that Truly Bind: Noncompetition Agreements, Executive Compensation and Firm Investment [J]. *Journal of Law, Economics, and Organization*, 2011, 27 (2): 376-425.

④ MARX M, STRUMSKY D, FLEMING L. Mobility, Skills, and the Michigan Noncompete Experiment [J]. *Management Science*, 2009, 55 (6): 875-889.

⑤ SAMILA S, SORENSON O. Noncompete Covenants: Incentives to Innovate or Impediments to Growth [J]. *Management Science*, 2011, 57 (3): 425-438.

⑥ TERUEL M, WIT D G. Determinants of High-growth Firms: Why Have Some Countries More High-growth Firms than Others? [C]. *EIM research report*, 2011, H201107.

意味着最终能够实现高增长的企业数量减少。① 胡海青和李浩基于对西安、郑州、苏州、上海四地瞪羚企业的问卷调查数据，发现加速器园区中的技术支持和商业运营支持能显著促进瞪羚企业突破式创新。②

微观方面，娜塔莉亚·里日科娃和奥西·帕西玛基于对瑞典瞪羚企业的问卷调查，发现加强与消费者之间的联系、分析消费者购买行为是瞪羚企业优化研发行为、提升创新能力的重要途径；③ 奥西·帕西玛发现瞪羚企业通过人事管理创新和决策管理创新提升企业的短期经营绩效和长期生产效率；④ 薇薇安·莫尔（Vivian Mohr）等人认为，国际化有助于瞪羚企业实现更快的增长；⑤ 索林·G. 安东（Sorin G. Anton）基于对英国和德国的企业调查，发现债务积压降低瞪羚企业进行新生产性投资的动机，进而使瞪羚企业的就业、总资产和销售受到负面影响，提出扩展融资渠道是支持瞪羚企业增长的重要问题。⑥

四、瞪羚企业的影响

瞪羚企业对区域及国家经济的影响是其引起学者关注的重要原因，目前许多经合组织国家都将增加瞪羚企业数量作为政策目标。已有研究主要从地区结构调整、生产率水平、税收水平、劳动力就业水平和对其

① TERUEL M, De Wit G. Determinants of High-growth Firms：Why Do Some Countries More High-growth Firms than Others？[C]. EIM research report, 2011, H201107.

② 胡海青，李浩. 加速器支持、环境动态性与瞪羚企业突破式创新 [J]. 科研管理，2015（12）：47-55.

③ RYZHKOVA N, PESÄMAA O. Absorptive Capacity, Collaboration with Customers and Innovation Performance of Gazelle Companies in Knowledge-intensive Industries [J]. *International Journal of Innovation Management*, 2015, 19（5），1550059.

④ PESÄMAA O. Personnel and Action Control in Gazelle Companies in Sweden [J]. *Journal of Management Control*, 2017, 28（1）：107-132.

⑤ MOHR V, GARNSEY E, THEYEL G. The Role of Alliances in the Early Development of High-growth Firms [J]. *Industrial and Corporate Change*, 2014, 23（1）：233-259.

⑥ ANTON S G. Leverage and Firm Growth：An Empirical Investigation of Gazelles from Emerging Europe [J]. *International Entrepreneur Management Journal*, 2019, 15：209-232.

他企业的影响等角度评价瞪羚企业产生的影响，如佐尔坦·J. 艾斯等人基于美国城市面板数据，发现与其他企业相比，瞪羚企业能显著促进地区劳动力就业，且瞪羚企业对地区就业的影响受到地区生产率的调节，对生产率高的地区具有显著正向效应，而对生产率低的地区影响较小；① 雅普·W. B. 博斯（Jaap W. B. Bos）和埃里克·斯塔姆基于荷兰瞪羚企业数据和 VAR 模型，研究发现行业内瞪羚企业数量越多，所在行业的劳动力数量增速越快；② 玛丽安·A. 费尔德曼（Maryann Feldman）等人发现瞪羚企业的发展有利于同一地区和产业集群中的其他企业的成长；③ 索林·G. 安东发现瞪羚企业所承担的债务挤压越严重，越有可能导致地区就业机会减少和税收下降。④

第二节　相关理论回顾

这一部分主要对政策扩散理论、信息不对称理论、寻租和盈余操纵理论和产业政策效应的相关理论进行回顾。

一、政策扩散理论

埃弗雷特·M. 罗杰斯（Everett M. Roger）在其著作《创新扩散理

---

① ACS Z J, et al. Employment Effects of Business Dynamics: Mice, Gazelles and Elephants [J]. *Small Business Economics*, 2008, 30 (1): 85-100.

② BOS J W B, STAM E. Gazelles and Industry Growth: A Study of Young High-Growth Firms in the Netherlands [J]. *Industrial and Corporate Change*, 2014, 23 (1): 145-169.

③ FELDMAN M A, FRANCIS J, BERCOVITZ J. Creating a Cluster While Building a Firm: Entrepreneurs and the Formation of Industrial Clusters [J]. *Regional Studies*, 2005, 39: 129-141.

④ ANTON S G. Leverage and Firm Growth: An Empirical Investigation of Gazelles from Emerging Europe [J]. *International Entrepreneur Management Journal*, 2019, 15: 209-232.

论》中指出，政策扩散是指某项政策从一个地区传播到另一个地区的过程。① 政策扩散研究始于美国学者对美国各州政策在洲际之间的传播分析，② 其后迅速扩展到政治学和经济学领域。根据政策扩散理论在发展中呈现出的不同特点，可以将其发展过程分成三个阶段：第一阶段（1970—1990 年）为单因素理论阶段，这一阶段内关于政策扩散的研究大都只考虑内部因素或只考虑外部因素，而没有同时考虑内部因素和外部因素；第二阶段（1990—2000 年）为综合理论阶段，在这一阶段，弗朗西斯·S. 贝里（Frances S. Berry）和威廉·D. 贝里（William D. Berry）在 1990 年首次采用事件史分析方法，在同时考虑内部因素和外部因素的基础上研究了政策扩散的模式及影响因素，这一研究对政策扩散理论的发展产生了重要的影响；③ 第三阶段（2000 年至今）是整合发展阶段，克雷格·威尔登（Craig Volden）在 2006 年对政策扩散中先行政府与后行政府之间的互动机制进行研究，为后期学者进一步深入探究政策扩散微观机制奠定了基础。④

　　无论在政策扩散理论发展的哪一阶段，分析政府采纳政策的机制始终都是学者探究的重要课题。从组织理论视角看，地区间的组织关系对政策扩散有着重要的影响。克里斯托弗·Z. 穆尼（Christopher Z. Mooney）和梅森·李（Mei-Hsien Lee）在 1999 年的研究发现地理邻近的地区更容易发生政策扩散，原因在于地理邻近性较强的地区之间可能受相同文化的影响，往往面临着类似的市场环境和发展问题，再加上

① ROGERS E M. *Diffusion of Innovations* [M]. New York：Free Press，2003：418-420.

② WALKER J L. The Diffusion of Innovations among the American States [J]. *The American Political Science Review*，1969，63（3）：880-899.

③ BERRY F S, BERRY W D. State Lottery Adoptions as Policy Innovations：An Event History Analysis [J]. *The American Political Science Review*，1990，84（2）：395-415.

④ VOLDEN C. States as Policy Laboratories：Emulating Success in the Children's Health Insurance Program [J]. *American Journal of Political Science*，2006，50（2）：294-312.

邻近性越强，信息传递成本越低，使得政策能容易地在邻近地区之间扩散。① 从制度视角看，制度结构是影响政策扩散的重要因素。保罗·E. 彼得森（Paul E. Peterson）和马克·C. 罗姆（Mark C. Rom）在 1990 年的研究认为政策扩散更容易在联邦制的分权政治环境中发生，原因是联邦制下的地方政府决策的自主性较强，能够根据地方发展需求学习和模仿其他地区的政策。② 在西方国家，选举制度是影响政策扩散的重要因素。在面对党派间的政治竞争时，竞选者为了实现当选或连任的目标，会更多地倾听选民诉求，采纳选民偏好的政策，并可能会对民众争议较大的政策敬而远之。但与西方国家基于选举体制的政策扩散不同，在我国独特的政治体制下，政策扩散往往呈现着中央政府或上级部门强制推行的特点，③ 并且通过官员更替或官员异地交流影响政策的扩散速度与扩散进程，④⑤ 民众需求对政策扩散的影响较小。⑥ 目前，国内学者结合我国特色对政策扩散已开展了一系列研究，包括垃圾分类、住房限

---

① MOONEY C Z, LEE M H. Morality Policy Reinvention: State Death Penalties [J]. *The Annals of the American Academy of Political and Social Science*, 1999, 556 (1): 80-92.

② PETERSON P E, ROM M C. Welfare Magnets: A New Case for a National Standard [C]. *Brookings Institution*, 1990.

③ 马亮. 政府信息技术创新的扩散机理研究 [J]. 公共行政评论, 2012, 5 (5): 161-177.

④ 张剑, 黄萃, 叶选挺, 等. 中国公共政策扩散的文献量化研究: 以科技成果转化政策为例 [J]. 中国软科学, 2016 (2): 145-155.

⑤ 朱旭峰, 赵慧. 政府间关系视角下的社会政策扩散: 以城市低保制度为例（1993—1999）[J]. 中国社会科学, 2016 (8): 95-116, 206.

⑥ 马亮. 政府信息技术创新的扩散机理研究 [J]. 公共行政评论, 2012, 5 (5): 161-177.

购、智慧城市以及专利资助等政策的扩散。①②③④

二、信息不对称理论

传统经济学假设"经济人"掌握完全信息，但在现实经济中，市场主体无法掌握完全信息，这种信息不对称会影响市场机制发挥作用，导致资源配置效率下降，甚至引起市场失灵。信息不对称最早是由乔治·A.阿克洛夫（George A. Akerlof）在 1970 年研究二手车市场时提出的，他认为卖家隐瞒二手车的不良信息导致市场中出现信息不对称问题，买家经常以高价买到车况较差的车，这使买家刻意压价，而卖家为了实现收益，则向买家出售质量更差的二手车，导致二手车交易市场进入恶性循环而日渐萧条。⑤ 之后，学者将信息不对称理论应用于多领域的研究。迈克尔·A.斯宾塞（Michael A. Spence）于 1973 年研究了劳动力市场中的信息不对称问题，指出在应聘者的自我包装使得用人单位难以准确判断其真实能力，但应聘者的学历能够为用人单位提供客观参考。⑥ 约瑟夫·E.斯蒂格利茨（Joseph E. Stiglitz）于 1989 年研究了保险市场中的信息不对称问题，指出保险公司无法完全掌握被保险人的个人信息与车辆信息，信息不对称可能会导致被保险人的逆向选择和道德

---

① 李欢欢，顾丽梅. 垃圾分类政策试点扩散的逻辑分析：基于中国 235 个城市的实证研究 [J]. 中国行政管理，2020（8）：81-87.

② 刘琼，职朋，佴玲莉，等. 住房限购政策扩散：内部诉求还是外部压力 [J]. 中国土地科学，2019（2）：57-66.

③ 李智超. 政策试点推广的多重逻辑：基于我国智慧城市试点的分析 [J]. 公共管理学报，2019，16（3）：145-156.

④ 朱多刚，郭俊华. 专利资助政策的创新与扩散：面向中国省份的事件史分析 [J]. 公共行政评论，2016（5）：64-83.

⑤ AKERLOF G A. The Market for "Lemons"：Qualitative Uncertainty and the Market Mechanism [J]. *Quarterly Journal of Economics*，1970（84）：488-500.

⑥ SPENCE M A. Job Market Signaling [J]. *The Quarterly Journal of Economics*，1973，87（3）：355-374.

风险问题，增加保险公司的风险和理赔成本，可以通过让被保险人自主选择赔付方式来减轻信息不对称问题的危害。① 信息不对称理论指出由于市场经济中不同主体所掌握的信息资源不同，其承担的风险和获取的收益也存在差异。为了克服信息不对称、减少经济损失，经济主体通常需要花费成本搜寻信息，这使得信号传递理论得到了更多的重视和应用。在瞪羚企业认定中，存在两种信息不对称现象：一是投资者无法了解企业的全部信息，这种信息不对称可能导致市场配置资源效率低下，影响企业融资和发展，是企业争取瞪羚企业认定的动力之一；二是政府无法了解企业的全部信息，这种信息不对称使得政府只能通过经验和研讨确定瞪羚企业认定标准，根据确定的标准筛选企业，这有可能导致企业采取迎合行为。

由于市场中信息不对称问题的存在，信号传递受到越来越多的重视。迈克尔·斯宾塞最早建立信号传递模型，认为在劳动力雇佣市场中，学历能够起到传递应聘者真实能力信息的作用。信号传递理论在公司金融领域的研究有较为广泛的应用。企业经理比普通投资者在信息掌握程度上的优势更多，但普通投资者可以基于企业年报或股利政策，形成对企业的收益与风险状况的客观判断。由于模仿所承担的风险过高，绩效差的企业在公开企业信息时难以模仿绩效好的企业，所以传递企业真实信号通常是企业经理的最优选择。除企业公开信息能够向市场传递信号外，政府对企业的干预与扶持也有信号传递的作用。乔希·勒纳（Josh Lerner）在 2000 年的研究中指出，政府对企业的扶持可以被认为是企业拥有了政府背书，其获得社会资本关注的可能性越高。② 但政府在选择扶持对象的标准也是企业传递的信号，安同良等认为，企业可能

---

① STIGLITZ J E. Markets, Market Failures and Development [J]. *The American Economic Review*, 1989, 79 (2): 197-203.

② LERNER J. The Government as Venture Capitalist: the Long-run Impact of the SBIR Program [J]. *The Journal of Private Equity*, 2000, 3 (2): 55-78.

会通过开展低质量创新活动，或调整盈余报表的方式申报相关补贴，这会损害政府补贴的正向激励效应。[①]

　　瞪羚企业认定可以看作是一种信号传递行为。根据信号传递理论，信号的有效性有两个前提条件：一是可选择性，即被作为信号的行为是非强制的；二是不易模仿性，即高质量企业和低质量企业传递信号的成本差异大，信号行为难以被模仿。对创新创业企业来说，申请瞪羚企业认定属于企业可选择的自主行为，因此被认定为瞪羚企业符合信号的第一个条件；只有营业额、利润、增长速度等指标符合要求的企业才能通过认定，因此被认定为瞪羚企业符合信号的第二个条件。企业提交认定申请后，政府会组织多领域、高水平的专家对企业竞争能力、市场价值和潜在风险等方面进行客观评估，所以入选的瞪羚企业可被认为其成长能力和市场潜力得到政府认证，这个信号能帮助企业在资本市场上获取更多投资，吸引更多人才，[②] 提升盈利能力，因此被认定为瞪羚企业是一种有效且有利于企业的信号。

三、寻租和盈余操纵理论

　　寻租这一概念最早由美国经济学家安妮·O.克鲁格（Anne O. Krueger）提出，他发现发展中国家限制出口政策引发大量企业进行寻租活动，造成巨大资源浪费，阻碍经济社会进步。通常来说，企业寻租活动是由主客观两方面因素共同促成的。客观因素是指政府的制度设计或管理模式为企业提供寻租空间。具体而言，20世纪80年代开始，中央政府逐步开展分权化改革，将经济管理权力向地方政府下放，使得地方

---

① 安同良，周少东，皮建才. R & D补贴对中国企业自主创新的激励效应 [J]. 经济研究，2009，44（10）：87-99.

② BESHAROV M L，SMITH W K. Multiple Institutional Logics in Organizations：Explaining their Varied Nature and Implications [J]. *Academy of Management Review*，2014，39（3）：364-381.

政府对关键资源的支配权增强，如税收、信贷、审批、招标等，使得政府官员成为企业寻租的目标。同时，尽管经济分权化改革不断进行，但政治依然保持集权管理模式，中央政府对地方政府实行以 GDP、财政收入等为主要指标的政绩考核体系，政府官员在晋升锦标赛的压力下，对地方经济的干预和设租行为有了合理的借口，扩大了设租空间。主观因素是指企业有主动开展寻租活动的动机。具体而言，大量研究结论发现企业寻租活动具有"润滑剂"和"保护伞"的效果："润滑剂"指寻租可以帮助企业获取税收、融资等政策的倾斜，以减轻资金负担，还可以帮助企业获取更多政府采购订单，促进销售增长；"保护伞"指企业可以通过寻租减少政府的任务摊派、降低经营压力。在我国瞪羚企业认定工作开展的过程中，企业寻租有利于其与地方政府建立更密切的政商关系，获取融资便利和政府采购订单，改善生产经营、提升业绩表现以达到瞪羚企业标准；同时，寻租还有利于企业提高与行政机关交涉的效率，在瞪羚企业认定过程中获取某些优势。因此，企业有主动进行寻租活动的主观动机。目前关于企业寻租的研究主要分为两类：第一类研究影响企业寻租行为的因素，宏观因素包括市委书记更替①、要素市场扭曲②、治理环境③、地方政府竞争④等，微观因素包括企业地理位置⑤、企业融资类型⑥等；第二类研究企业寻租的影响，宏观影响包括对市场分割度

---

① 申宇, 傅立立, 赵静梅. 市委书记更替对企业寻租影响的实证研究 [J]. 中国工业经济, 2015 (9)：37-52.

② 张杰, 周晓艳, 李勇. 要素市场扭曲抑制了中国企业 R & D？ [J]. 经济研究, 2011 (8)：78-91.

③ 万华林, 陈信元. 治理环境、企业寻租与交易成本：基于中国上市公司非生产性支出的经验证据 [J]. 经济学（季刊）, 2010, 9 (2)：553-570.

④ 步丹璐, 黄杰. 企业寻租与政府的利益输送：基于京东方的案例分析 [J]. 中国工业经济, 2013 (6)：135-147.

⑤ 张敏, 刘耀淞, 王欣, 等. 企业与税务局为邻：便利避税还是便利征税？ [J]. 管理世界, 2018 (5)：150-164.

⑥ 燕志雄, 张敬卫, 费方域. 代理问题、风险基金性质与中小高科技企业融资 [J]. 经济研究, 2016 (9)：132-146.

的影响①等，微观影响包括如何影响企业的盈余管理②、研发投入③、经营绩效④、开工率⑤、补贴收入⑥、补贴绩效⑦等，但目前现有的寻租文献没有关于瞪羚企业认定如何影响企业寻租的研究。

　　由于瞪羚企业认定政策关注的对象是高成长型企业，对参评企业的营业收入或利润增长要求较高，这可能会导致企业高管通过盈余操纵获取瞪羚企业认定，进而享受政府提供的稀缺资源。盈余操纵通常指企业的应计盈余操纵，管理层结合会计政策和会计手段，调整财务报表的呈现结果。正向盈余操纵能使企业的利润和营业收入达到瞪羚政策要求的标准，负向盈余操纵能降低业绩增长速度，为后期增长留出空间，同时也能帮助企业掩盖寻租活动。目前企业盈余管理的研究主要分为两类：第一类研究影响企业盈余管理的因素，包括外部因素和内部因素，外部因素有媒体关注⑧、分析师跟踪⑨、劳动力保护⑩等，内部因素主要与

①　胡军，郭峰．企业寻租、官员腐败与市场分割［J］．经济管理，2013（11）：36-47.
②　陈骏，徐捍军．企业寻租如何影响盈余管理［J］．中国工业经济，2019（12）：171-188.
③　张璇，刘贝贝，汪婷，等．信贷寻租、融资约束与企业创新［J］．中国工业经济，2017（5）：161-174.
④　杨德明，赵璨，曹伟．寻租与企业绩效："绊脚石"还是"润滑剂"［J］．财贸经济，2017，38（1）：130-145.
⑤　魏下海，董志强，金钊．腐败与企业生命力：寻租和抽租影响开工率的经验研究［J］．世界经济，2015，38（1）：105-125.
⑥　余明桂，回雅甫，潘红波．政治联系、寻租与地方政府财政补贴有效性［J］．经济研究，2010（3）：65-77.
⑦　赵璨，王竹泉，杨德明，等．企业迎合行为与政府补贴绩效研究：基于企业不同盈利状况的分析［J］．中国工业经济，2015（7）：130-145.
⑧　于忠泊，田高良，齐保垒，等．媒体关注的公司治理机制：基于盈余管理视角的考察［J］．管理世界，2011（9）：127-140.
⑨　李春涛，宋敏，张璇．分析师跟踪与企业盈余管理：来自中国上市公司的证据［J］．金融研究，2014（7）：124-139.
⑩　陆瑶，施新政，刘璐瑶．劳动力保护与盈余管理：基于最低工资政策变动的实证分析［J］．管理世界，2017（3）：146-158.

公司特征和公司治理相关，有高管审计背景①、产品市场势力②、企业经营战略③、企业社会责任④、企业控制权转移⑤等；第二类研究企业盈余管理的影响，包括对企业成本粘性⑥、投资效率⑦、高管晋升效率⑧、企业权益资本成本⑨等的影响，但目前现有的文献没有关于瞪羚企业认定如何影响企业盈余管理的研究。

四、产业政策效应的相关理论

"产业政策之争"一直是经济学领域讨论的热点话题，现有文献对产业政策的效应如何已有一定的研究和争论。

（一）产业政策对企业迎合行为的影响

现有研究表明，产业政策会对企业行为的影响有不同的表现。如黎文靖等发现在产业政策鼓励下，企业出现追求创新数量、忽视创新质量

---

① 蔡春，谢柳芳，马可哪呐. 高管审计背景、盈余管理与异常审计收费［J］. 会计研究，2015（3）：72-79.

② 周夏飞，周强龙. 产品市场势力、行业竞争与公司盈余管理：基于中国上市公司的经验证据［J］. 会计研究，2014（8）：60-66.

③ 孙健，王百强，曹丰，等. 公司战略影响盈余管理吗？［J］. 管理世界，2016（3）：60-169.

④ 宋岩，滕萍萍，秦昌才. 企业社会责任与盈余管理：基于中国沪深股市 A 股制造业上市公司的实证研究［J］. 中国管理科学，2017（5）：187-196.

⑤ 王克敏，刘博. 公司控制权转移与盈余管理研究［J］. 管理世界，2014（7）：144-156.

⑥ 江伟，胡玉明，吕喆. 应计盈余管理影响企业的成本粘性吗？［J］. 南开管理评论，2015（2）：83-91.

⑦ 刘慧龙，王成方，吴联生. 决策权配置、盈余管理与投资效率［J］. 经济研究，2014（8）：93-106.

⑧ 廖冠民，张广婷. 盈余管理与国有公司高管晋升效率［J］. 中国工业经济，2012（4）：115-127.

⑨ 罗琦，王悦歌. 真实盈余管理与权益资本成本：基于公司成长性差异的分析［J］. 金融研究，2015（5）：178-191.

的"策略性创新"行为，以迎合产业政策中关于企业创新的指标要求；① 杨国超等针对高新技术企业认定政策进行研究，发现企业会通过操纵研发投入和研发人员比例来迎合认定标准；② 邢会等针对战略性新兴产业政策进行研究，发现企业通过增加创新产出数量来迎合政策的结果；③ 杜瑞和李延喜发现在我国以补贴高技术企业为导向的政策影响下，高研发投入的企业为了减轻研发活动导致的收益波动，倾向于通过正向盈余管理来迎合市场对它们的原本期望；④ 赵璨等发现盈利不良的企业为满足亏损企业补贴标准，可能会调低企业盈利数据，而盈利状况较好的企业通过正向盈余管理争取地方政府的高贡献企业补贴标准。⑤ 由于这些与企业认定相关的产业政策或补贴政策在认定标准上存在差异，所以以上研究根据政策的不同特点对企业迎合行为进行分析，但目前没有针对瞪羚企业认定的研究，瞪羚企业认定是否影响以及如何影响企业迎合行为的问题仍未有明晰的答案。

（二）产业政策对企业创新质量的影响

瞪羚企业认定政策关注和培育的对象是高成长企业，而企业高成长的本质是创新质量的提高。近年来，虽然我国的专利数量增势迅猛但是专利质量却不够高。例如，2019 年，我国向世界知识产权组织（WIPO）提交了 58990 份国际专利申请，首次超越美国成为国际专利申

---

① 黎文靖，郑曼妮. 实质性创新还是策略性创新？——宏观产业政策对微观企业创新的影响 [J]. 经济研究，2016（4）：60-73.
② 杨国超，刘静，廉鹏，等. 减税激励、研发操纵与研发绩效 [J]. 经济研究，2017，52（8）：110-124.
③ 邢会，王飞，高素英. 战略性新兴产业政策促进企业实质性创新了吗？——基于"寻租"调节效应的视角 [J]. 产经评论，2019，10（1）：86-99.
④ 杜瑞，李延喜. 企业研发活动与盈余管理：微观企业对宏观产业政策的适应性行为 [J]. 科研管理，2018，39（3）：122-131.
⑤ 赵璨，王竹泉，杨德明，等. 企业迎合行为与政府补贴绩效研究：基于企业不同盈利状况的分析 [J]. 中国工业经济，2015（7）：130-145.

请数量最多的国家。但是，根据《2019 年全球创新指数报告》，我国的科技创新实力仅居全球第 14 位。面对创新数量较多与创新质量较低的现实，提高企业的创新质量从而促进经济高质量发展是必须考虑的问题。关于产业政策如何影响企业创新质量，学者之间存在不同的观点。有一部分学者认为产业政策能够显著提升企业创新质量，如余明桂等发现产业政策能够显著提高被鼓励企业的发明专利数量和研发投入，且对民营企业的创新促进效应更为显著;① 逯东和朱莉发现战略性新兴产业政策通过政府补贴显著促进被支持企业的发明创新，但这一效应只存在于国有企业，而对民营企业影响甚微。② 也有一部分学者持相反的观点，如黎文靖和郑曼妮发现受到产业政策激励的企业虽然专利申请显著增加，但只是非发明专利的增加，企业出现追求创新数量、忽视创新质量的策略性行为;③ 杨以文等对创新型企业试点政策的研究结果也发现，试点政策虽然能促进企业专利增长，但对企业创新质量的提升效果并不显著。④

（三）产业政策对企业绩效的影响

营业收入或利润增长较快是瞪羚企业的显著特征和瞪羚企业认定的重要标准，但企业获得瞪羚企业认定后能否进一步实现高增长关系到政策有效性，这也是值得关注的问题。关于产业政策如何影响企业绩效，学者之间存在不同的观点。一部分学者认为产业政策对企业绩效有显著促进作用，如菲利普·阿格依奥（Philippe Aghion）等人在 2015 年的研

---

① 余明桂，范蕊，钟慧洁. 中国产业政策与企业技术创新 [J]. 中国工业经济, 2016 (12)：5-22.

② 逯东，朱莉. 市场化程度、战略性新兴产业政策与企业创新 [J]. 产业经济研究, 2018 (2)：65-77.

③ 黎文靖，郑曼妮. 实质性创新还是策略性创新?——宏观产业政策对微观企业创新的影响 [J]. 经济研究, 2016 (4)：60-73.

④ 杨以文，周勤，李卫红. 创新型企业试点政策对企业创新绩效的影响：来自微观企业的经验证据 [J]. 经济评论, 2018 (1)：91-105.

究中指出政府补贴和税收优惠等产业政策能增进企业间竞争，从而提高企业经济绩效;[①] 宋凌云和王贤彬发现，地方的重点产业政策能够显著提高产业生产率，且提高产业内部企业之间的资源重置效率是使产业政策发挥促进作用的有效途径;[②] 唐诗和包群发现开发区的主导性产业政策有利于当地企业的成长，但会对周边地区的企业产生负面影响。[③] 也有一部分学者持相反的观点，认为产业政策的实施效果经常会背离政策制定的初衷，如赵坚认为受产业政策支持的企业可能会在保护和支持下停滞不前，而未被产业政策支持的企业可能会快速发展;[④] 李平等发现我国的重点产业调整振兴规划政策直接干预市场，削弱了市场竞争，对汽车、船舶、钢铁行业生产率产生负面影响;[⑤] 韩乾和洪永淼认为产业政策只是在公布后短期内提升企业收益率，但在中长期对收益率没有显著影响。[⑥] 但目前现有的文献没有关于瞪羚企业认定政策如何影响企业绩效的研究。

（四）产业政策对税收和就业的影响

对负责政策制定和具体执行的地方政府来说，推动企业绩效增长固然是实施瞪羚企业认定政策的重要目标，但能否同时增加税收、促进就业，兼顾企业绩效与社会绩效，也是十分重要的问题。关于产业政策如

---

① AGHION P, CAI J, DEWATRIPONT M, et al. Industrial Policy and Competition [J]. *American Economic Journal: Macroeconomics*, 2015, 7 (4): 1-32.

② 宋凌云，王贤彬. 重点产业政策、资源重置与产业生产率 [J]. 管理世界，2013 (12): 63-77.

③ 唐诗，包群. 主导产业政策促进了企业绩效的增长吗? ——基于外溢视角的经验分析 [J]. 世界经济研究，2016 (9): 97-109.

④ 赵坚. 我国自主研发的比较优势与产业政策: 基于企业能力理论的分析 [J]. 中国工业经济，2008 (8): 76-86.

⑤ 李平，江飞涛，王宏伟. 重点产业政策调整振兴规划与政策取向探讨 [J]. 宏观经济研究，2010 (11): 3-12.

⑥ 韩乾，洪永淼. 国家产业政策、资产价格与投资者行为 [J]. 经济研究，2014，49 (12): 143-158.

何影响社会绩效，学者之间存在不同的观点。一部分学者认为产业政策能增加政府税收、扩大社会就业，如安体富认为产业政策通过提高企业经济效益增加政府税收收入；① 童光荣和高杰认为新技术能够提高政府R&D 支出存在就业乘数效应，即技术进步通过促进经济增长增加就业岗位。② 但也有一部分学者持相反的观点，如樊丽明和张斌使用税收调控的政策与税收增长之间存在矛盾，税收优惠会降低税收收入；③ 康志勇发现地方政府倾向发展技术密集型的产业政策会导致企业产生劳动力节约型技术进步，使单位资本吸纳的劳动力减少，产生就业抑制效应。④ 但目前现有的文献没有关于瞪羚企业认定政策如何影响社会绩效的研究。

（五）产业政策对地区经济发展的影响

关于产业政策如何影响经济发展，学者之间存在不同的观点。一部分学者认为产业政策能够促进地区经济发展。在以 GDP 为主要考核标准的政治晋升锦标赛体制下，官员的政绩竞争最终会落实为地方经济发展水平的竞争。为了抢夺发展先机，政府有动机通过实施产业政策对特定企业进行不同形式的扶持，进而实现促进地区经济发展的目标，⑤⑥

① 安体富. 如何看待近几年我国税收的超常增长和减税的问题 [J]. 税务研究, 2002 (8)：10-17.
② 童光荣, 高杰. 政府R&D 支出的就业乘数效应研究 [J]. 中国软科学, 2004 (8)：109-113.
③ 樊丽明, 张斌. 经济增长与税收收入的关联分析 [J]. 经济研究, 2000 (2)：3-10.
④ 康志勇. 赶超行为、要素市场扭曲对中国就业的影响：来自微观企业的数据分析 [J]. 中国人口科学, 2012 (1)：52-67.
⑤ QIAN Y, WEINGAS B R. Federalism as a Commitment to Preserving Market Incentives [J]. *Journal of Economic Perspectives*, 1997, 11 (4)：83-92.
⑥ CALLAHAN C M, VENDRZYK V P, BUTLER M G. The Impact of Implied Facilities Cost of Money Subsidies on Capital Expenditures and the Cost Debt in the Defense Industry [J]. *Journal of Accounting and Public and Policy*, 2012, 31 (3)：301-319.

钱爱民等在研究中验证了产业政策显著促进地区经济增长的假说;① 孙早等发现,中央考核目标从"重增长"转变为"重转型"会削弱产业政策对地方经济增长的促进作用,但这种促进作用依然显著。② 也有一部分研究认为产业政策对于地方经济发展来说是无效的。市场主义者认为市场是实现资源优化配置的最好手段,政府通过产业政策的干预有可能引发市场扭曲,进而无益于经济发展;公共选择学派认为政府部门具备理性经济人的特征,其推出产业政策的目标可能与公共目标并不一致,可能会被利益集团俘获而导致产业政策无效。但目前现有的文献没有关于瞪羚企业认定政策如何影响地区经济发展的研究。

五、文献评述

现有文献从瞪羚企业的特征与分布规律、瞪羚企业的识别与预测、影响瞪羚企业发展的因素和瞪羚企业的影响等方面对瞪羚企业展开了较为丰富的研究,其研究结论对本书而言具有参考价值和借鉴意义,但国内外瞪羚企业发展的不同和现有文献存在的不足之处也为本书提供一定的研究契机。

从国外来看,学者大多是根据 OECD 或其他研究机构提出的瞪羚企业标准,在各自研究的企业样本中自行确定瞪羚企业,并在此基础上开展进一步研究。尽管也有一些国家实施过瞪羚企业扶持政策,但研究瞪羚企业认定的文献较为鲜见。在我国,地方各级政府拥有制定各自区域内瞪羚企业认定标准的自主权,并且每年组织专家对申请企业进行综合评估、开展瞪羚企业认定工作,公开该区域当年获得认定的瞪羚企业名单。我国瞪羚企业样本更为客观和确定,瞪羚企业认定可以看作是一项

---

① 钱爱民,张晨宇,步丹璐. 宏观经济冲击、产业政策与地方政府补助 [J]. 产业经济研究,2015(5):73-82.
② 孙早,刘李华,孙亚政. 市场化程度、地方保护主义与 R&D 溢出效应:来自中国工业的经验证据 [J]. 管理世界,2015(8):78-89.

准自然实验，对研究者来说，瞪羚企业认定政策如何影响企业和社会的发展成为值得研究的问题。

从国内来看，目前与瞪羚企业认定政策相关的文献尚少。由于我国瞪羚企业认定工作起步较晚，国内与瞪羚企业相关的研究相对较少且不清晰，已有的文献或从定性的角度分析瞪羚企业认定政策的影响，或运用案例研究的方法研究瞪羚企业的发展问题，鲜有学者运用理论分析结合实证检验的方法研究瞪羚企业认定政策扩散的原因及其对企业和社会的影响。

第三章

我国瞪羚企业认定政策的现状、国际比较与量化评价

第一节　我国瞪羚企业认定政策的现状和国际比较

我国的瞪羚企业政策始于 2003 年北京中关村科技园区的"瞪羚计划"。随后，多地陆续因地制宜地推出瞪羚企业认定政策，促进瞪羚企业发展。表 3-1 列示我国各地推出瞪羚企业认定政策的时间。截至目前，我国已有 25 个省份推出瞪羚企业认定政策，目前只有山西省、内蒙古自治区、青海省、西藏自治区、新疆维吾尔自治区、宁夏回族自治区、香港特别行政区、澳门特别行政区、台湾省仍未正式推出瞪羚企业认定政策文件。

表 3-1　我国各地瞪羚企业认定政策推出时间

时　间	地　区
2003 年	北京中关村
2010 年	陕西省西安高新区
2011 年	湖北省武汉东湖高新区、江苏省南通市
2012 年	浙江省宁波市
2013 年	广东省广州开发区、江西省株洲高新区、江苏省苏州市

续 表

时 间	地 区
2014 年	浙江省杭州市、贵州省贵阳市
2015 年	河南省洛阳市、湖南省长沙市
2016 年	重庆市、广东省惠州仲恺高新区、吉林省长春市、广东省珠海市、山东省济南高新区、山东省潍坊高新区、浙江省宁波市高新区
2017 年	湖南省长沙市高新区、浙江省台州市、福建省泉州市、广西壮族自治区、广西壮族自治区南宁市
2018 年	山东省、山东省青岛市崂山区、山东省济宁市高新区、江苏省、江苏省南京市、江西省、安徽省合肥高新区、江苏省无锡市、甘肃省兰州高新区、广东省佛山市高新区
2019 年	辽宁省、黑龙江省大庆市高新区、天津市、浙江省嘉兴市、山东省烟台市、福建省厦门市、河南省郑州市高新区、陕西省、江苏省泰州市
2020 年	四川省、四川省成都市高新区、上海市金山区、河北省石家庄高新区、广东省东莞市
2021 年	福建省
仍未有正式瞪羚企业认定文件的省份	山西省、内蒙古自治区、青海省、西藏自治区、新疆维吾尔自治区、宁夏回族自治区、香港特别行政区、澳门特别行政区、台湾省

资料来源：中国瞪羚网（https：//www.chinagazelle.cn/）

一、瞪羚企业认定标准的国际比较

在我国，地方各级政府拥有制定各自区域内瞪羚企业认定标准的自主权，并且每年组织专家对申请企业进行综合评估、开展瞪羚企业认定工作，公开该区域当年的瞪羚企业名单。为了具体了解瞪羚企业认定政策提出的入选条件，本节选取较为典型的北京中关村科技园区、湖北省东湖高新区、广东省黄埔区、浙江省杭州高新区、江苏省的最新瞪羚企业入选标准列示在表 3-2 中。

表 3-2　北京中关村科技园区、湖北省东湖高新区、广东省黄埔区、

浙江省杭州高新区、江苏省瞪羚企业入选标准

政策名称	指标	具体内容
《中关村科技园区瞪羚计划》(2015)	经营指标	（1）总收入在 1000 万至 5000 万元之间的公司，收入增长率需达到 20%，或者利润增长率达到 10%； （2）总收入在 5000 万至 1 亿元之间的公司，收入增长率需达到 10%，或者利润增长率达到 10%； （3）总收入在 1 亿至 5 亿元之间的公司，收入增长率需达到 5%，或者利润增长率达到 10%
	资质指标	应已获高新技术企业资质
湖北省《东湖高新区关于开展 2021 年度瞪羚企业认定工作的通知》	经营指标	公司应具备"专、特、精、新"特点，且满足下列标准中的一条： （1）上年度总收入在 1000 万至 5000 万元之间的公司，收入增长率达到 20%，或利润增长率达到 10%；上年度总收入在 5000 万至 1 亿元之间的公司，收入增长率达到 15%，或者利润增长率达到 10%；上年度总收入在 1 亿至 5 亿元之间的公司，收入增长率达到 10% 或利润增长率达到 10%。 （2）属于新兴产业领域，近 3 年内累计获得超过 1000 万元人民币或等值外币以上的创业投资
	资质指标	符合光电子信息、高端装备制造、数字经济、生物医药等新兴产业方向
《广州市黄埔区瞪羚企业认定扶持办法》（穗埔府规〔2018〕8 号）	经营指标	应满足其一： （1）公司在 2017 年年底前完成工商登记，且 2017 年度营业收入不低于 1000 万元，2017—2019 年间复合增长率大于等于 20%，且 2019 年度实现正增长； （2）公司在 2015 年 1 月 1 日之后完成工商登记，2019 年度营业收入不低于 5 亿元，且 2019 年度实现正增长； （3）公司在 2010 年 1 月 1 日之后完成工商登记，2019 年度营业收入不低于 10 亿元，且 2019 年度实现正增长
	资质指标	应已获高新技术企业资质；产业领域符合战略性新兴产业发展方向

续　表

政策名称	指　标	具体内容
浙江省杭州高新区《关于组织申报2022年度瞪羚企业的通知》	经营指标	2019—2020年、2020—2021年主营业务收入满足其一： （1）主营业务收入在1000万到5000万元之间的，年增速应大于等于25%； （2）主营业务收入在5000万到1亿元之间的，年增速大于等于20%； （3）主营业务收入大于等于1亿元的，年增速不低于15%。 另外，符合以下情况之一的也可获得瞪羚企业认定： （1）未达到主营业收入年增速标准，但属于区内的上市后备企业。 （2）2019—2020年、2020—2021年主营业务收入的增长速度为正，2019—2011年两年平均增速达到相应标准。 （3）成立于2019年，且2020—2021年主营业务收入增速达到50%。 （4）营收增速未完全达到标准，但属于鼓励发展类重点产业的领先企业
《江苏省瞪羚企业培育实施方案》	经营指标	近一年R&D经费占营业收入的比重超过2.5%，且满足其一： （1）4年前年营业收入大于等于1000万元，近4年营业收入复合增长率大于等于20%，且上一年实现正增长； （2）4年前从业人员数不低于100人，近4年从业人数的复合增长率不大于等于30%，且上一年实现正增长； （3）成立时间小于等于5年，且最近一年营业收入大于等于5亿元； （4）成立时间小于等于10年，且最近一年营业收入大于等于10亿元
	资质指标	（1）除烟草、铁路等垄断性行业、房地产业、银行业； （2）除大型央企、分公司、销售公司、贸易公司、外企生产基地外

资料来源：中国瞪羚网（https：//www.chinagazelle.cn/）

　　国际上对于瞪羚企业的认定标准并不统一。Birch 提出若企业在当年的销售额不少于 10 万美元，且其销售额在随后 5 年内每年均有 20% 以上的增长率，则该企业是瞪羚企业。① 美国硅谷对于瞪羚企业的标准是"起始年收入不低于 100 万美元，连续 4 年增长率不低于 20%"。经济合作与发展组织（OECD）在 2007—2008 年通过"企业家指数"项目与欧盟统计局联合编制了《欧盟统计局—OECD 商业统计手册》，用来衡量反映经济发展状况的各种商业数据，其中的一项重要统计数据是通过设立一定的标准从所有企业中划分出高成长企业和瞪羚企业。其中，高成长企业是指三年期间年化收入增长率或雇员增长率超过 20% 的企业，且至少拥有 10 名以上的员工；瞪羚企业是指成立时间不超过 5 年且符合高成长企业标准的企业。由此可见，国外瞪羚企业的标准是由非政府机构提出的，因此国外学者在研究时大多是根据一定的标准自行确定瞪羚企业样本，再开展进一步研究。

二、瞪羚企业扶持措施的国际比较

　　在我国，地方各级政府在公布瞪羚企业名单之后，会对入选瞪羚企业进行统一扶持。为了具体了解瞪羚企业认定政策提出的扶持措施，本文选取较为典型的北京中关村科技园区、湖北省东湖高新区、广东省黄埔区、浙江省杭州高新区、江苏省的最新瞪羚企业扶持措施列示在表 3-3 中。

---

① BIRCH D. *The Job Generation Process* ［M］. Cambridge：Massachusetts Institute of Technology，1979.

表 3-3 北京中关村科技园区、湖北省东湖高新区、广东省黄埔区、
浙江省杭州高新区、江苏省瞪羚企业扶持措施

政策名称	扶持措施
《中关村科技园区瞪羚计划》（2015）	贷款贴息；享受快捷担保审批服务；贷款利率的上浮上限为基准利率的20%
《东湖高新区关于开展2021年度瞪羚企业认定工作的通知》	（1）开展企业交流活动，并补贴参会瞪羚企业费用的50%； （2）贷款贴息，贴息额最高100万元； （3）推荐瞪羚企业参加政府采购； （4）提供商业辅导、资源对接等服务，并补贴全部相关费用； （5）支持瞪羚企业孵化器建设
《广州市黄埔区瞪羚企业认定扶持办法》（穗埔府规〔2018〕8号）	（1）向瞪羚企业提供本年度研发费用总额20%的奖励，最高50万元； （2）给予5%一次性贷款贴息，最高50万元； （3）两年内首次获评高新技术企业，一次性奖励20万元；新引入的高新技术企业若获评瞪羚企业认定，一次性奖励20万元；培育瞪羚企业三年内首次认定为瞪羚企业的，一次性奖励20万元
杭州高新技术产业开发区管理委员会、杭州市滨江区人民政府《关于支持瞪羚企业加快发展的实施意见》	（1）对申报技术攻关、技术改造、创新项目的企业，及时提供足额配套； （2）补贴企业厂房房租的50%，单个企业最高补贴面积为5000平方米； （3）给予企业50%贴息补助，最高50万元； （4）对参加国内外展览展销活动的瞪羚企业补贴50%的展位费费用，每年每企业最高可累计获补贴100万元； （5）优先满足年营业收入超过3亿元（或税收超过2000万）、从业人员超过300人的瞪羚企业的用地需求； （6）给予企业研发类项目最高30%的资助；给予企业产业投资、技术改造等项目最高20%的资助（按当年实际投资额计算）；对投入节能减排的企业，给予最高50%的资助（按其当年实际发生额）

政策名称	扶持措施
《江苏省瞪羚企业培育实施方案》	（1）落实研发费用加计扣除、技术先进型服务企业的税收优惠政策； （2）鼓励瞪羚企业与高校和科研院所共同研发，支持瞪羚企业申报技术改造、技术创新项目； （3）通过"苏科投""苏科贷""苏科保"等项目拓展瞪羚企业的融资渠道；为符合条件的瞪羚企业提供上市绿色通道；引导社会资本向重点瞪羚企业投资；为瞪羚企业提供战略辅导、风险预警等服务； （4）建设瞪羚企业孵化链条，发挥众创空间、孵化器和企业加速器的联动作用； （5）支持瞪羚企业的高层次人才招聘，为瞪羚企业提供各类人才计划；满足瞪羚企业用地需求；支持瞪羚企业参与政府采购、支持开拓国际市场

资料来源：中国瞪羚网（https：//www.chinagazelle.cn/）

　　由于国外瞪羚企业的标准是由非政府机构提出的，因此瞪羚企业认定并不明确，各国推出的瞪羚企业扶持政策通常较为模糊。同时，由于各国中央政府与地方政府的分权程度不同，以及历史文化差异的原因，不同国家在国家和地方的瞪羚企业政策组合存在差别。表3-4列示了世界不同国家的瞪羚企业扶持政策。

表 3-4 不同国家的瞪羚企业扶持政策①

国 家	政策组合
美 国	对小公司提供豁免的全国性法律：针对雇员人数在 15 人以上的公司的《美国残疾人法》（禁止歧视残疾人，并要求提供合理便利条件）；针对雇员人数 50 人以上的公司的《家庭和医疗休假法》（要求提供长达 12 周的育儿假或严重健康问题的休假）；针对雇员人数 100 人以上的公司的《工人调整和再培训通知法》（要求提前通知解雇特定数量的雇员）
荷 兰	在国家层面协调创业政策，例如国家增长加速器项目
丹 麦	国家政府在 2007 年建立了 5 个区域商业发展中心，用以构建瞪羚企业商业支持项目。从 2011 年 1 月起，所有权和资金转移到 98 个城市
芬 兰	明确地以高增长创业为目标，并对瞪羚企业进行监测；与丹麦相比，计划没有特别的区域组成部分。2008 年，芬兰就业与经济部创新司成立了增长风险投资部门。2009 年，芬兰推出 VIGO 计划，侧重于瞪羚企业，试图为早期技术公司提供国际资金
英 国	制定全国性的高增长初创企业计划，旨在为具有高增长潜力的初创企业提供加强支持，但项目预算和具体执行由地方自主进行
西班牙	既有国家层面的创业政策，也针对地区文化差异制定地区政策，但地区瞪羚政策可能没有考虑与国家政策的一致性和互补性

在国外，瞪羚企业商业孵化器是瞪羚企业获得具体支持的场所。通常来说，瞪羚企业商业孵化器分为两种——虚拟商业孵化器和实体商业孵化器。虚拟商业孵化器通常是由国家政府或地方政府发起的，受公共资金资助，由私人组织（如商业顾问）负责进行具体实施，主要业务是为企业组织行业学习、业务服务的会议，但不提供办公空间。目前具有代表性的瞪羚企业虚拟商业孵化器的例子是荷兰的 Groeiversneller 项

---

① SMALLBONE D, BALDOCK R, BURGESS S. Targeted Support for High-growth Start-ups: Some Policy Issues [J]. *Environment and Planning C: Government and Policy*, 2002 (20): 195-209.

目和比利时佛兰德斯的 Gazellensprong 项目，具体内容见表 3-5。实体商业孵化器可以基于国家政策设立，也可以由私人机构设立，不仅提供咨询、金融等服务组合，还为参与企业提供办公空间。具有代表性的瞪羚企业实体商业孵化器有加拿大 MaRS 项目、荷兰 UtrechtInc 项目和美国 General Assembly 项目，具体内容见表 3-6。

表 3-5　荷兰 Groeiversneller 项目、比利时佛兰德斯 Gazellensprong 项目内容[①]

项目名称	荷兰 Groeiversneller 项目	比利时佛兰德斯 Gazellensprong 项目
时　间	资助期为 2009—2013 年	2010 年开始试点
资金量	该项目由政府资助（600 万欧元），资助期为 2009-2013 年，计划随后由私人机构继续资助	150 万欧元的预算支持 170 家企业
内　容	每年资助 100 家公司，目标为 5 年内实现年营业额 2000 万欧元；该计划由荷兰经济部发起，但由私营部门高增长之星财团实施；标准：在 5 年内达到 2000 万欧元的年营业额	采用由私人咨询公司蚂蚁金服进行的"机会分析"工具识别瞪羚企业
选择标准	目前总营业额在 100 万—800 万欧元之间，企业家承诺在 5 年内达到 2000 万欧元的年营业额的潜力，总部在荷兰	不单独与该地区其他公司竞争的公司会得到优先考虑；国际化和创新潜力是入选瞪羚跳跃项目的重要因素

①　AUDRETSCH D, LINK A, WALSHOK M. *Oxford Handbook of Local Competitiveness* ［M］. Oxford：Oxford University Press，2017.

表3-6　加拿大 MaRS 项目、荷兰 UtrechtInc 项目、美国 General Assembly 项目内容①

项目名称	加拿大 MaRS 项目	荷兰 UtrechtInc 项目	美国 General Assembly 项目
成立时间	2005 年	2005 年、2007 年、2009 年	2011 年
资金来源	（1）公共资金：联邦科学技术政策 国家创新资金（2000万美元）；省创新政策（安大略省：3000万美元）；地方支持政策（多伦多市450万美元，医院和大学500万美元） （2）私人资金：资产超过100万美元的私人投资	国家科技政策、省创新政策、地方商业发展政策（乌得勒支市、乌得勒支大学、乌得勒支应用科学大学）；荷兰合作银行（Rabo Bank）（6年500万美元）	私人首创，主要是私人投资（超过425万风险投资）
资助行业	生命科学和保健行业；先进材料与工程行业；清洁技术行业；信息技术、通信和娱乐行业；社会创新行业	原始技术研发行业；健康/生命科学行业；可持续发展行业	技术研发行业
运作模式	以公共资金资助为主	公共资金资助、收费服务	收费服务

　　综合前文所述的国内外瞪羚企业政策具体内容，本节从政策对象、权力主体、执行主体、政策内容这四个方面进行概括对比（见表3-7）：国内外瞪羚企业政策内容和执行情况存在较大差异，相较而言，我国瞪羚企业政策的认定对象更明确、权力划分更清晰、政策内容更全面，更有利于支持瞪羚企业的发展。

---

　　① AUDRETSCH D, LINK A, WALSHOK M. *Oxford Handbook of Local Competitiveness* ［M］. Oxford：Oxford University Press, 2017.

表 3-7 国内外瞪羚企业政策内容与执行情况对比

	国　内	国　外
政策对象	明确入选瞪羚企业名单的企业	符合国家或 OECD 标准的企业
权力主体	各省、自治区、直辖市、高新区、地市政府均有制定瞪羚企业政策的自主权，目前中央政府没有推出全国统一政策	目前存在中央政府统一运作、中央政府+地方政府联合、地方政府独立、不同语种区域独立这四种政策模式
执行主体	与权力主体一致	在公共资金支持下，由政府机构或私人机构运行瞪羚企业孵化器
政策内容	明确规定各地瞪羚企业标准，并对符合标准的企业提供贷款利息补贴、企业孵化、人才对接、发展规划指导等	根据国家或 OECD 标准向企业提供资金扶持、创业扶持、劳动力管理等扶持措施

第二节　我国瞪羚企业认定政策的量化评价

一、方法选择与数据来源

为了进一步了解瞪羚企业认定政策的现状、比较不同地区瞪羚企业认定政策的特点，本部分采用 PMC（Policy Modeling Consistency）指数模型对我国各地瞪羚企业认定政策进行量化评价。PMC 指数模型是由马里奥·A. R. 埃斯特拉达（Mario A. R. Estrada）首次提出的政策评价方法，也是目前国际上较为先进的政策评价模型。[1] 以往常见的政策评价方法大多存在着主观性较强、精确度不足的问题，例如，层次分析法虽然能综合评价过程中的定性与定量信息，但评价过程中不可避免的随

---

[1]　吴卫红，盛丽莹，唐方成，等. 基于特征分析的制造业创新政策量化评价 [J]. 科学学研究，2020，38（12）：2246-2257.

机性和专家认识的模糊性会降低评价结果的可信度；模糊综合评价法虽然可以较好解决判断的模糊性问题，但是权重确定的主观性较强；BP神经网络方法容易出现过拟合的问题，可能会使评价结果准确性不高。与此相比，PMC 指数模型具有一定的优势。PMC 模型的理论基础是 Omnia Mobilis 假说，该假说要求政策评价模型应尽可能全面考虑，即在构建投出产出表时，二级变量的数量不受限制，这是 PMC 模型与其他政策评价方法之间最大的不同。① PMC 模型的变量从政策文本中提取，能在一定程度上降低人为主观判断对评估结果的影响，有助于提升政策评价的客观性与准确性。

目前国内有 25 个省级行政区已经推出瞪羚企业认定政策文件，包括北京、陕西、湖北、江苏、浙江、广东、江西、河南、湖南、山东、重庆、广西、福建、安徽、辽宁、天津、四川、上海、河北、海南、云南、贵州、吉林、甘肃、黑龙江，但由于未在公开网站上查询到贵州、吉林、甘肃、黑龙江的瞪羚企业培育具体措施文件，所以本节的研究对象为已公开瞪羚企业培育措施的 21 个省级行政区，资料来源为各省科技厅网站。

二、量化评价与结果分析

PMC 指数模型的分析包括四个步骤：进行变量分类和参数识别、构建多投入产出表、计算 PMC 指数值、绘制 PMC 曲面图。

（一）变量分类和参数识别

本节结合我国瞪羚企业认定政策的实际特点，确定了 9 个一级变量和 46 个二级变量。其中，政策性质（X_1）考察政策的目的和作用，即考察瞪羚企业认定政策是否在预测、监管、建议、引导方面提出规划和措施。政策效力（X_2）用来判断瞪羚企业认定政策的有效时长，根据

---

① 张永安，郄海拓. "大众创业、万众创新"政策量化评价研究：以 2017 的 10 项双创政策情报为例 [J]. 情报杂志，2018，37（3）：158-164.

瞪羚企业认定政策的特点，本节把政策效力划分为年度内效力（时效在 1 年以内）、短期效力（时效在 1—5 年）、中期效力（时效在 6—10 年）和长期效力（时效在 10 年以上）。政策性质（X_1）和政策时效（X_2）是政策量化评价中的经典变量。[①] 政策要求（X_3）考察瞪羚企业认定政策中申报企业的要求，包括营业收入、从业人员、成立年限、行业性质、创新成果、研发投入、信用等级。激励手段（X_4）考察瞪羚企业认定政策对瞪羚企业的扶持措施，包括单次认定奖励、支持开拓市场、贷款贴息、采购优惠、商业辅导、孵化支持、场地优惠、研发补助、上市鼓励、风险投资支持、智能化改造支持、税收优惠和人才培养。政策领域（X_5）考察瞪羚企业认定政策的扶持领域，包括经济、技术、人才、商业服务、社会服务领域。政策工具类型（X_6）考察瞪羚企业认定政策通过何种具体措施落实，基于政策工具理论将措施分为供给型、需求型、环境型。政策结构（X_7）考察瞪羚企业认定政策是否依据充分、目标明确、方案科学。政策级别（X_8）考察瞪羚企业认定政策的行政级别，包括省级、地市级、区县级三类级别。发布机构（X_9）考察瞪羚企业认定政策的发布主体，包括人大、党委、政府及办公厅、政府部门。

在传统的 PMC 指数模型中，二级变量全部都服从 [0，1] 的二项分布，以此起到平衡变量的作用。但是这种参数确定方式在二级变量互斥的情况下并不适用，原因是会使变量评分相同，导致无法比较优劣。[②] 本文借鉴李丽等[③]、成全等的研究，将一级变量政策效力（X_2）和发布机

① ESTRADA M A R, PARK D. The Past, Present and Future of Policy Modeling [J]. *Journal of Policy Modeling*, 2018, 40（1）：1–15.

② 成全，董佳，陈雅兰. 创新型国家战略背景下的原始性创新政策评价 [J]. 科学学研究，2021, 39（12）：2281–2293.

③ 李丽，陈佳波，李朝鲜，等. 中国服务业发展政策的测量、协同与演变：基于 1996—2018 年政策数据的研究 [J]. 中国软科学，2020（7）：42–51.

构（X_9）下的二级变量参数设置为 [0, 1] 区间内的递减取值。[①] 具体而言，结合国内瞪羚企业认定政策的实际情况，现有政策的效力分为 1 年、3 年、5 年及长期这四种情况，时间越短意味着发布机构越频繁地根据当地发展调整政策内容，即在政策制定上付出的努力越多，因此本节将政策效力（X_2）的二级变量对应划分为短期（1 年）、中期（3 年）、长期（5 年及以上），分别赋值 1、0.8、0.6；发布机构（X_9）下的二级变量包括人大、党委、政府及办公厅、政府职能部门，按照级别由高到低分别赋值 1、0.8、0.6、0.4。模型变量和参数设置的具体情况见表 3-8。

表 3-8 PMC 指数模型变量和参数设置

一级变量	二级变量	参数设置
政策性质 X_1	$X_{1;1}$预测：政策是否体现预测性	$X_{1;1} \sim$ [0, 1]
	$X_{1;2}$监管：政策是否具有监管性	$X_{1;2} \sim$ [0, 1]
	$X_{1;3}$建议：政策是否具有建议性	$X_{1;3} \sim$ [0, 1]
	$X_{1;4}$引导：政策是否具有引导性	$X_{1;4} \sim$ [0, 1]
政策效力 X_2	$X_{2;1}$长期效力：政策时效在 5 年及以上	0.6
	$X_{2;2}$中期效力：政策时效在 3 年	0.8
	$X_{2;3}$短期效力：政策时效在 1 年	1
政策要求 X_3	$X_{3;1}$营业收入：是否包含对营业收入的要求	$X_{3;1} \sim$ [0, 1]
	$X_{3;2}$从业人员：是否包含对从业人员的要求	$X_{3;2} \sim$ [0, 1]
	$X_{3;3}$成立年限：是否包含对企业成立年限的要求	$X_{3;3} \sim$ [0, 1]
	$X_{3;4}$行业性质：是否包含对所处行业性质的要求	$X_{3;4} \sim$ [0, 1]
	$X_{3;5}$创新成果：是否包含对创新成果的要求	$X_{3;5} \sim$ [0, 1]
	$X_{3;6}$研发投入：是否包含对研发投入的要求	$X_{3;6} \sim$ [0, 1]
	$X_{3;7}$信用等级：是否包含对商业信用等级的要求	$X_{3;7} \sim$ [0, 1]

[①] 成全，董佳，陈雅兰. 创新型国家战略背景下的原始性创新政策评价 [J]. 科学学研究，2021，39（12）：2281-2293.

一级变量	二级变量	参数设置
激励手段 X_4	$X_{4;1}$单次认定奖励：是否包含单次认定奖励	$X_{4;1} \sim$ [0, 1]
	$X_{4;2}$支持开拓市场：是否包含对企业开拓市场（包括名企对接、参加展会等）的支持	$X_{4;2} \sim$ [0, 1]
	$X_{4;3}$贷款便利：是否包含企业贷款便利，包括贷款贴息、贷款限额提高等	$X_{4;3} \sim$ [0, 1]
	$X_{4;4}$采购优惠：是否包含采购优惠	$X_{4;4} \sim$ [0, 1]
	$X_{4;5}$商业辅导：是否包含商业辅导	$X_{4;5} \sim$ [0, 1]
	$X_{4;6}$孵化支持：是否包含孵化支持	$X_{4;6} \sim$ [0, 1]
	$X_{4;7}$场地优惠：是否包含场地优惠	$X_{4;7} \sim$ [0, 1]
	$X_{4;8}$研发补助：是否包含研发补助	$X_{4;8} \sim$ [0, 1]
	$X_{4;9}$上市鼓励：是否包含上市鼓励	$X_{4;9} \sim$ [0, 1]
	$X_{4;10}$风险投资支持：是否包含风险投资支持（包括股权）	$X_{4;10} \sim$ [0, 1]
	$X_{4;11}$税收优惠：是否包含税收优惠	$X_{4;11} \sim$ [0, 1]
	$X_{4;12}$人才培养：是否包含人才培养支持	$X_{4;12} \sim$ [0, 1]
	$X_{4;13}$技术支持：是否包含技术支持	$X_{4;13} \sim$ [0, 1]
政策领域 X_5	$X_{5;1}$经济：政策扶持是否涉及经济领域	$X_{5;1} \sim$ [0, 1]
	$X_{5;2}$社会服务：政策扶持是否涉及社会服务领域	$X_{5;2} \sim$ [0, 1]
	$X_{5;3}$技术：政策扶持是否涉及技术领域	$X_{5;3} \sim$ [0, 1]
	$X_{5;4}$环境：政策扶持是否涉及商业环境领域	$X_{5;4} \sim$ [0, 1]
	$X_{5;5}$人才：政策扶持是否涉及人才领域	$X_{5;5} \sim$ [0, 1]
政策工具类型 X_6	$X_{6;1}$需求型：包含需求型工具	$X_{6;1} \sim$ [0, 1]
	$X_{6;2}$供给型：包含供给型工具	$X_{6;2} \sim$ [0, 1]
	$X_{6;3}$环境型：包含环境型工具	$X_{6;3} \sim$ [0, 1]

一级变量	二级变量	参数设置
政策结构 X_7	$X_{7;1}$ 依据充分：政策方案是否依据充分	$X_{7;1} \sim [0, 1]$
	$X_{7;2}$ 目标明确：政策方案是否目标明确	$X_{7;2} \sim [0, 1]$
	$X_{7;3}$ 方案科学：政策方案是否科学	$X_{7;3} \sim [0, 1]$
政策级别 X_8	$X_{8;1}$ 省级：是否适用于省级范围	$X_{8;1} \sim [0, 1]$
	$X_{8;2}$ 地市级：是否适用于地级市范围	$X_{8;2} \sim [0, 1]$
	$X_{8;3}$ 区县级：是否适用于区县范围	$X_{8;3} \sim [0, 1]$
发布机构 X_9	$X_{9;1}$ 人大：发文主体为当地人大及其常委会	1
	$X_{9;2}$ 党委：发文主体为当地党委及其办公厅	0.8
	$X_{9;3}$ 政府及办公厅：发文主体为当地政府及其办公厅	0.6
	$X_{9;4}$ 政府部门：发文主体为当地政府职能部门	0.4

表格出处：作者自制。

（二）构建多投入产出表

按照表 3-8 设定的变量和参数对各省最新的瞪羚企业认定政策进行打分，得出多投入产出表，如表 3-9 所示。

表 3-9　多投入产出表

地区	$X_{1;1}$	$X_{1;2}$	$X_{1;3}$	$X_{1;4}$	$X_{2;1}$	$X_{2;2}$	$X_{2;3}$	$X_{3;1}$	$X_{3;2}$	$X_{3;3}$	$X_{3;4}$	$X_{3;5}$	$X_{3;6}$	$X_{3;7}$
北京	0	1	0	1	0	0	1	0	0	0	0	0	1	1
陕西	1	1	0	1	1	0	0	1	0	1	1	1	1	1
湖北	0	1	0	1	0	0	1	1	0	1	1	0	1	1
江苏	1	1	0	1	0	0	1	1	1	1	1	1	1	1
浙江	1	1	0	1	0	1	0	1	0	0	1	0	1	1
广东	1	1	0	1	0	1	0	1	0	1	1	0	1	1
江西	1	1	0	1	1	0	0	1	0	1	1	0	1	0

地区	$X_{1;1}$	$X_{1;2}$	$X_{1;3}$	$X_{1;4}$	$X_{2;1}$	$X_{2;2}$	$X_{2;3}$	$X_{3;1}$	$X_{3;2}$	$X_{3;3}$	$X_{3;4}$	$X_{3;5}$	$X_{3;6}$	$X_{3;7}$
河南	1	1	0	1	0	1	0	1	1	1	1	0	1	1
湖南	0	1	0	1	1	0	0	1	0	0	1	1	1	1
山东	0	1	0	1	0	1	0	1	0	1	1	1	1	1
重庆	0	1	0	1	1	0	0	1	0	0	1	1	1	1
广西	0	1	0	1	0	1	0	0	0	0	0	0	0	0
福建	1	1	0	1	0	1	0	1	0	1	1	1	1	1
安徽	0	1	0	1	1	0	0	1	0	1	1	0	1	0
辽宁	0	1	0	1	1	0	0	1	1	1	1	0	1	0
天津	0	1	0	1	1	0	0	1	1	1	0	0	1	1
四川	1	1	0	1	0	1	0	1	0	1	1	1	1	1
上海	1	1	0	1	1	0	0	1	0	0	1	1	1	1
河北	0	1	0	1	1	0	0	1	0	1	1	1	1	1
海南	1	1	0	1	0	1	0	1	0	0	1	1	1	1
云南	0	1	0	1	1	0	0	1	0	1	1	1	1	0

续表 3-9　多投入产出表

地区	$X_{4;1}$	$X_{4;2}$	$X_{4;3}$	$X_{4;4}$	$X_{4;5}$	$X_{4;6}$	$X_{4;7}$	$X_{4;8}$	$X_{4;9}$	$X_{4;10}$	$X_{4;11}$	$X_{4;12}$	$X_{4;13}$
北京	0	0	1	0	0	0	0	0	1	0	0	0	0
陕西	0	0	1	0	0	0	1	1	0	0	0	1	0
湖北	1	1	1	0	1	1	1	1	0	1	0	0	0
江苏	0	1	1	1	1	1	1	1	1	0	1	1	0
浙江	0	1	1	0	0	0	1	0	0	0	0	1	0
广东	1	0	1	0	0	0	0	1	0	1	0	0	0
江西	1	1	1	0	1	0	0	1	1	1	0	1	1
河南	1	1	1	0	1	0	1	1	0	0	0	1	0
湖南	1	0	1	0	0	0	0	0	1	0	0	1	0

续 表

地区	$X_{4:1}$	$X_{4:2}$	$X_{4:3}$	$X_{4:4}$	$X_{4:5}$	$X_{4:6}$	$X_{4:7}$	$X_{4:8}$	$X_{4:9}$	$X_{4:10}$	$X_{4:11}$	$X_{4:12}$	$X_{4:13}$
山东	1	1	1	0	1	0	0	0	1	0	1	0	1
重庆	0	0	0	0	0	0	0	1	0	0	0	0	1
广西	1	0	1	0	0	1	0	1	1	1	0	1	1
福建	0	0	1	0	0	0	1	1	0	0	1	0	1
安徽	0	0	1	0	0	0	1	1	0	0	0	0	0
辽宁	0	0	0	0	0	0	0	1	1	0	0	1	1
天津	1	0	0	0	0	0	1	0	0	0	0	0	0
四川	1	0	1	0	0	1	0	0	0	1	1	1	1
上海	1	0	0	0	0	0	0	0	0	0	0	0	0
河北	1	0	0	0	1	0	0	0	1	0	0	0	0
海南	0	0	0	0	0	0	0	1	1	0	1	1	1
云南	1	0	0	0	0	0	0	0	0	0	0	0	0

续表 3-9 多投入产出表

地区	$X_{5:1}$	$X_{5:2}$	$X_{5:3}$	$X_{5:4}$	$X_{5:5}$	$X_{6:1}$	$X_{6:2}$	$X_{6:3}$
北京	1	0	0	1	0	1	0	1
陕西	1	0	1	1	1	1	0	1
湖北	1	1	1	1	0	1	1	1
江苏	1	1	1	1	1	1	1	1
浙江	1	0	1	1	1	1	1	1
广东	1	0	1	1	0	1	0	1
江西	1	1	1	1	1	1	1	1
河南	1	1	0	1	1	1	1	1
湖南	1	0	0	1	1	1	0	1
山东	1	1	1	1	1	1	1	1
重庆	1	0	1	1	0	1	0	1

地区	$X_{5;1}$	$X_{5;2}$	$X_{5;3}$	$X_{5;4}$	$X_{5;5}$	$X_{6;1}$	$X_{6;2}$	$X_{6;3}$
广西	1	0	1	1	1	1	0	1
福建	1	0	1	1	0	1	0	1
安徽	1	0	0	1	0	1	0	1
辽宁	1	0	1	1	1	1	0	1
天津	0	0	0	0	0	0	0	0
四川	1	0	1	1	1	1	0	1
上海	1	0	0	0	0	1	0	0
河北	1	1	0	1	0	1	0	1
海南	1	1	1	1	1	1	0	1
云南	1	0	0	0	0	1	0	0

续表3-9　多投入产出表

地区	$X_{7;1}$	$X_{7;2}$	$X_{7;3}$	$X_{8;1}$	$X_{8;2}$	$X_{8;3}$	$X_{9;1}$	$X_{9;2}$	$X_{9;3}$	$X_{9;4}$
北京	1	1	1	0	1	1	0	0	0	1
陕西	1	1	1	1	1	1	0	0	0	1
湖北	0	1	1	0	0	1	0	0	0	1
江苏	1	1	1	1	1	1	0	0	0	1
浙江	1	1	1	0	1	1	0	0	0	1
广东	1	1	1	0	0	1	0	0	1	0
江西	1	1	1	1	1	1	0	0	1	0
河南	1	1	0	0	1	1	0	0	1	0
湖南	1	1	1	0	0	1	0	0	0	0
山东	1	1	1	1	1	1	0	0	0	1
重庆	1	1	1	1	1	1	0	0	0	1
广西	1	1	1	1	1	1	0	0	0	1
福建	1	1	1	0	1	1	0	0	0	1

地区	$X_{7;1}$	$X_{7;2}$	$X_{7;3}$	$X_{8;1}$	$X_{8;2}$	$X_{8;3}$	$X_{9;1}$	$X_{9;2}$	$X_{9;3}$	$X_{9;4}$
安徽	0	1	1	0	1	1	0	0	1	0
辽宁	1	1	1	1	1	1	0	0	0	1
天津	0	0	0	0	0	0	0	0	0	0
四川	1	1	1	0	1	1	0	0	1	0
上海	1	1	1	0	1	0	0	0	0	0
河北	1	1	1	0	1	0	0	0	0	1
海南	1	1	1	1	1	0	0	0	0	1
云南	1	1	0	0	0	1	0	0	0	1

（三）计算 PMC 指数值

对多投入产出表中二级变量的数值进行加权计算，可进一步得出一级变量的数值。由于本文存在服从 [0，1] 二项分布和在 [0，1] 上递减取值的二级变量，因此一级变量的计算分为以下两种情况：（1）对于一级变量 X_1—X_8 下服从 [0，1] 二项分布的二级变量，根据公式（3-1）得出二级变量的数值，然后根据公式（3-2）计算出一级变量的数值；（2）对于一级变量政策效力（X_2）和发布机构（X_9）下的在 [0，1] 上递减取值的二级变量，若存在多个机构联合发布的情况，根据公式（3-3）计算出一级变量的数值；若发布机构为一个，则一级变量的数值直接等于二级变量的数值。在计算出所有一级变量数值后，再将一级变量加总计算得到瞪羚企业认定政策的 PMC 指数值。

$$X = \{XR：[0 \sim 1]\} \tag{3-1}$$

$$X_t = \sum_{j=1}^{n} \frac{X_{tj}}{n} \tag{3-2}$$

$$X_9 = \sum_{k=1}^{K} \frac{X_{8k}}{K} \tag{3-3}$$

其中，公式（3-2）中的 t 代表一级变量，$t = 1，2，…，8$；j 代表

二级变量，$j = 1$，2，$\cdots$，n；式（3-3）中的 k 代表瞪羚企业认定政策发布部门的数量，$k = 1$，2，$\cdots$，K。

表 3-10 政策质量级别划分标准

PMC 指数值	0—2.99	3—4.99	5—6.99	7—9
质量级别	差	一般	良好	优秀

表 3-11 各省级行政区瞪羚企业认定政策的一级变量得分与 PMC 指数

（按 PMC 指数从高到低排序）

地区	X_1	X_2	X_3	X_4	X_5	X_6	X_7	X_8	X_9	PMC	评价
江苏	0.75	1	1	0.769	1	1	1	1	0.4	7.919	优秀
江西	0.75	0.6	0.571	0.692	1	1	1	1	0.6	7.214	优秀
山东	0.5	0.8	0.857	0.538	1	1	1	1	0.4	7.096	优秀
四川	0.75	0.8	0.857	0.538	0.8	0.667	1	1	0.6	7.012	优秀
海南	0.75	0.8	0.714	0.385	1	0.667	1	1	0.4	6.716	良好
河南	0.75	0.8	0.857	0.538	0.8	1	0.667	0.667	0.6	6.679	良好
陕西	0.75	0.6	0.857	0.308	0.8	0.667	1	1	0.4	6.382	良好
广西	0.5	0.8	0.571	0.615	0.8	0.667	1	1	0.4	6.353	良好
浙江	0.75	0.8	0.571	0.308	0.8	1	1	0.667	0.4	6.296	良好
福建	0.75	0.8	0.857	0.385	0.6	0.667	1	0.667	0.4	6.125	良好
湖北	0.5	1	0.714	0.615	0.8	1	0.667	0.333	0.4	6.030	良好
辽宁	0.5	0.6	0.714	0.308	0.8	0.667	1	1	0.4	5.989	良好
广东	0.75	0.8	0.714	0.462	0.6	0.667	1	0.333	0.6	5.926	良好
重庆	0.5	0.6	0.714	0.154	0.6	0.667	1	1	0.4	5.635	良好
河北	0.5	0.6	0.857	0.231	0.6	0.667	1	0.667	0.4	5.521	良好
湖南	0.5	0.6	0.714	0.308	0.6	0.667	1	0.333	0.4	5.122	良好
天津	0.5	0.6	0.714	0.154	0.4	0.667	1	0.667	0.4	5.101	良好
安徽	0.5	0.6	0.571	0.231	0.4	0.667	0.667	0.667	0.6	4.902	一般
北京	0.5	0.6	0.429	0.154	0.4	0.667	1	0.667	0.4	4.816	一般

续　表

地区	X_1	X_2	X_3	X_4	X_5	X_6	X_7	X_8	X_9	PMC	评价
上海	0.75	0.6	0.714	0.077	0.2	0.333	1	0.333	0.4	4.408	一般
云南	0.5	0.6	0.714	0.077	0.2	0.333	0.667	0.333	0.4	3.825	一般
平均值	0.619	0.714	0.728	0.374	0.676	0.73	0.937	0.73	0.448	5.955	/
极值差	0.25	0.4	0.571	0.692	0.8	0.667	0.333	0.667	0.2	4.0947	/
标准差	0.125	0.132	0.132	0.2	0.243	0.196	0.131	0.265	0.085	0.988	/

在分别计算出各省瞪羚企业认定政策的 PMC 指数值后，可根据数值大小对政策质量级别进行判断。根据马里奥·A. R. 埃斯特拉达提出的政策质量级别划分标准（见表3-10），当政策 PMC 指数值在0—2.99之间时，政策评价为差；当政策 PMC 指数值在 3—4.99 之间时，政策评价为一般；当政策 PMC 指数值在 5—6.99 之间时，政策评价为良好；当政策 PMC 指数值在 7—9 之间时，政策评价为优秀。表3-11 列出了各省瞪羚企业认定政策的 PMC 指数。

（四）绘制 PMC 曲面图

为了更直观地了解不同省级行政区瞪羚企业认定政策在一级变量维度上的优劣势情况，本节分别绘制不同省级行政区瞪羚企业认定政策PMC 指数的曲面图（见附录）。曲面图中颜色越浅代表该一级指标评价结果越好，颜色越深则代表在该一级指标上还有待进一步完善。可以得出以下结论：

1. 从 PMC 指数的总体得分看

瞪羚企业认定政策 PMC 指数的平均值为 5.955，评价等级为良好，这说明我国瞪羚企业认定政策整体质量未来仍有可提升的空间。具体来看，少数省级行政区的瞪羚企业认定政策评价为优秀，大多数省级行政区的瞪羚企业认定政策评价为良好和一般。其中，瞪羚企业认定政策评价等级为优秀的省级行政区有 4 个，分别为江苏、江西、山东、四川；

评价等级为良好的省级行政区有 13 个，分别为海南、河南、陕西、广西、浙江、福建、湖北、辽宁、广东、重庆、河北、湖南、天津；评价等级为一般的省级行政区有 4 个，分别为安徽、北京、上海、云南。可以发现，北京、上海、天津、重庆四个直辖市的瞪羚企业认定政策评分处于中游偏下的位置，这一现象可能与直辖市自身特点密切相关，由于四个直辖市都具有各自的优势（如经济优势、政治优势、区位优势），所以潜在瞪羚企业有更好的发展资源和发展环境，与其他普通省级行政区的管理部门相比，直辖市的管理部门可以不需在瞪羚企业认定与培育上开展过多工作，因此直辖市瞪羚企业认定政策评分普遍偏低；同理，广东省一直是 GDP 稳居全国第一的经济大省，但其瞪羚企业认定政策评分也偏低，究其原因，本节认为与四个直辖市瞪羚企业认定政策评分偏低的原因相似。

2. 从一级变量的得分看

政策性质（X_1）的平均得分为 0.619，江苏省、江西省、四川省、海南省、河南省、陕西省、浙江省、福建省、广东省、上海市共 10 个省级行政区在该一级变量上的得分超过了平均水平，说明以上地区的瞪羚企业认定政策包含较为明确的规划和措施；该项分值的极差为 0.25，标准差为 0.125，这表明各地区瞪羚企业认定政策性质较为相近。

政策效力（X_2）的平均得分为 0.714，江苏省、山东省、四川省、海南省、河南省、广西壮族自治区、浙江省、福建省、湖北省、广东省共 10 个省级行政区在该一级变量上的得分超过了平均水平，即以上地区瞪羚企业认定政策的效力相对较短（时效在 3 年及以下），意味着相关政府部门需要较为频繁地根据当地瞪羚企业的实际发展情况来修订政策内容，即会在政策制定与动态调整上付出更多的努力；该项分值的极差为 0.4，标准差为 0.132，说明各地区瞪羚企业认定政策在效力上差异不大。

政策要求（X_3）的平均得分为 0.728，江苏省、山东省、四川省、河南省、陕西省、福建省、河北省共 7 个省级行政区在该一级变量上的得分超过了平均水平，说明以上地区对瞪羚企业提出的要求较多，认定过程较为严格；该项分值的极差为 0.571，标准差为 0.132，说明各地区瞪羚企业认定政策对潜在瞪羚企业的要求差异不大。

激励手段（X_4）的平均得分为 0.374，江苏省、江西省、山东省、四川省、海南省、河南省、广西壮族自治区、福建省、湖北省、广东省共 10 个省级行政区在该一级变量上的得分超过了平均水平，这说明以上地区的瞪羚企业认定政策通过更为丰富的手段对瞪羚企业进行激励和扶持；该项分值的极差为 0.692，标准差为 0.2，说明各地区瞪羚企业认定政策的措施丰富程度存在一定的差异。

政策领域（X_5）的平均得分为 0.676，江苏省、江西省、山东省、四川省、海南省、河南省、陕西省、广西壮族自治区、浙江省、湖北省、辽宁省共 11 个省级行政区在该一级变量上的得分超过了平均水平，这说明以上地区的瞪羚企业认定政策努力从更多的领域为瞪羚企业发展保驾护航；该项分值的极差为 0.8，标准差为 0.243，说明各地区瞪羚企业认定政策在涉及领域上存在一定的差异。

政策工具类型（X_6）的平均得分为 0.73，江苏省、江西省、山东省、河南省、浙江省、湖北省共 6 个省级行政区在该一级变量上的得分超过了平均水平，结合多投入产出表可知，以上地区的瞪羚企业认定和培育政策从需求、供给、环境三种角度制定激励措施，这种做法更有助于帮助当地瞪羚企业解决融资难、市场小、环境差的困境，更有利于瞪羚企业高速增长；该项分值的极差为 0.667，标准差为 0.196，说明各地区瞪羚企业认定政策所涉及的政策工具类型存在一定的差异。

政策结构（X_7）的平均得分为 0.937，只有河南省、湖北省、安徽省、云南省共 4 个省级行政区在该一级变量上的得分低于平均水平，这说明大多数地区的瞪羚企业认定政策都依据充分、目标明确、方案科学;该项分值的极差为 0.333,标准差为 0.131,说明各地区瞪羚企业认定政策在结构上差异不大。

政策级别(X_8)的平均得分为 0.73,江苏省、江西省、山东省、四川省、海南省、陕西省、广西壮族自治区、辽宁省、重庆市共 9 个省级行政区在该一级变量上的得分高于平均水平,结合多投入产出表可知,与其他地区相比,这些地区都推出过省级层面的瞪羚企业认定政策,说明这些地区的政府管理部门可能较为重视政策在省级层面的统领和激励作用。但结合瞪羚企业认定政策的原始资料发现,上述地区其实可以分为两类:第一类是江苏省、山东省、陕西省,他们是在地方推出地市级或区县级瞪羚企业认定政策后推出省级瞪羚企业认定政策;第二类是江西省、四川省、海南省、广西壮族自治区、辽宁省、重庆市,他们是直接推出省级瞪羚企业认定政策。第一类地区是在瞪羚企业认定政策进行地市级或区县级试点后,推出省级政策以发挥统领下级单位和进一步激励企业的作用;而第二类地区由于经济发展速度有限、经济体量较小或政策起步较晚的原因,直接推出省级政策以较快赶齐与已推出政策省份间的差距,以避免政策缺位引起地区发展落后的问题。该项分值的极差为 0.667,标准差为 0.265,说明各地区瞪羚企业认定政策的政策级别上存在一定的差异。

发布机构(X_9)的平均得分为 0.448,江西省、四川省、河南省、广东省、安徽省共 5 个省级行政区在该一级变量上的得分高于平均水平,结合多投入产出表可知,上述地区瞪羚企业认定政策的发布机构都是当地政府及办公厅,而其他地区瞪羚企业认定政策的发布机构是当地政府职能部门,因此,相较而言,上述地区对于瞪羚企业认定与培育工作的重视程度更高;该项分值的极差为 0.2,标准差为 0.085,说明各地区瞪羚企业认定政策的发布机构一致性较高。

进一步地,本节对表 3-11 中的一级变量间进行横向运算,得到三

个指标 m_1—m_3（见表 3-12）。首先，$m_1 = (X_4/X_5 + X_4/X_6)/2$，表示的是瞪羚企业认定政策扶持措施的覆盖效率，由表 3-8 可知，X_4 是政策激励手段，X_5 和 X_6 分别是政策领域和政策工具类型，X_4/X_5 和 X_4/X_6 得到的值越低，说明当地瞪羚企业认定政策通过较少的政策手段覆盖了较广的领域和工具类型，即瞪羚企业认定政策扶持措施的覆盖效率越高，也即 m_1 的值越低，瞪羚企业认定政策扶持措施的覆盖效率越高。对照表 3-12 可知，重庆市、天津市、北京市、上海市、云南省、浙江省、河北省、陕西省、辽宁省、安徽省、海南省、湖南省的瞪羚企业认定政策覆盖效率较高。其次，$m_2 = X_3/X_4$，表示的是瞪羚企业认定政策对企业的吸引力，X_3 和 X_4 分别是政策要求和激励手段，X_3/X_4 得到的值越低，说明当地瞪羚企业认定政策对入选瞪羚企业的要求较低，而为瞪羚企业提供的扶持措施越多，这对潜在瞪羚企业来说吸引力越强，即 m_2 的值越低，瞪羚企业认定政策的吸引力越强。对照表 3-12 可知，江西省、广西壮族自治区、湖北省、江苏省、广东省、山东省、四川省、河南省、海南省、浙江省的瞪羚企业认定政策对企业的吸引力较强。再

次，$m_3 = \dfrac{(\sum\limits_{1}^{3} X_i + \sum\limits_{7}^{9} X_i)/6}{(\sum\limits_{4}^{6} X_i)/3}$，表示的是瞪羚企业认定政策的"实干程度"，一级变量政策性质（X_1）、政策效力（X_2）、政策要求（X_3）、政策结构（X_7）、政策级别（X_8）、发布机构（X_9）描述的是政策本身的完善程度，衡量的是相关部门在政策颁布之前的工作，而一级变量激励手段（X_4）、政策领域（X_5）、政策工具类型（X_6）衡量的是相关部门在政策颁布之后的工作，因此，m_3 的值越低，说明瞪羚企业认定政策的实干性越强，反之则说明瞪羚企业认定政策的口号性越强。对照表 3-12 可知，湖北省、江西省、山东省、河南省、江苏省、浙江省、广西壮族自治区、湖南省、海南省、辽宁省瞪羚企业认定政策的实干性

较强。

表 3-12 一级变量横向运算得出的指标得分

（按照各指标值由低到高分别排序）

地区	m_1	地区	m_2	地区	m_3
重庆	0.244	江西	0.825	湖北	0.748
天津	0.308	广西	0.929	江西	0.840
北京	0.308	湖北	1.161	山东	0.898
上海	0.308	江苏	1.300	河南	0.928
云南	0.308	广东	1.548	江苏	0.930
浙江	0.346	山东	1.592	浙江	0.994
河北	0.365	四川	1.592	广西	1.026
陕西	0.423	河南	1.592	湖南	1.127
辽宁	0.423	海南	1.857	海南	1.137
安徽	0.462	浙江	1.857	辽宁	1.188
海南	0.481	福建	2.229	广东	1.214
湖南	0.487	辽宁	2.321	四川	1.249
山东	0.538	湖南	2.321	陕西	1.298
河南	0.606	安徽	2.476	河北	1.344
福建	0.609	陕西	2.786	福建	1.355
江西	0.692	北京	2.786	安徽	1.389
湖北	0.692	河北	3.714	北京	1.473
广东	0.731	重庆	4.643	重庆	1.483
四川	0.740	天津	4.643	天津	1.590
江苏	0.769	上海	9.286	云南	2.634
广西	0.846	云南	9.286	上海	3.111
平均值	0.509	—	2.893	—	1.331

另外，m_3 的值还与 PMC 曲面图之间存在对照关系，可以发现 m_3 值

越高的地区，其 PMC 指数曲面图越呈现向中部凹陷的特点（如上海市、云南省、天津市、北京市）；而 m_3 值越低的地区，其 PMC 曲面图向中心凹陷的程度越低，甚至整体向中部凸起。因此，观察 PMC 指数曲面图可以直观地判断地区瞪羚企业认定政策实干性较强还是口号性较强，即曲面图中部越凹陷的地区，其瞪羚企业认定政策的口号性越强；曲面图中部越凸起的地区，其瞪羚企业政策的实干性越强。

第三节　本章小结

本章首先回顾我国瞪羚企业认定政策的推出历程，对国内外瞪羚企业认定标准和扶持措施进行比较，并量化评价了我国瞪羚企业认定政策，为后续篇章奠定现实基础。

本章主要得出以下结论：

1. 通过对比分析国内外瞪羚企业认定政策提出的标准和扶持措施，本章发现与国外瞪羚企业认定政策相比，我国瞪羚企业政策的认定对象更明确、权利划分更清晰、政策内容更全面，更有利于支持瞪羚企业的发展。

2. 基于我国瞪羚企业认定政策量化评价结果，可以发现：

（1）总体来看，我国瞪羚企业认定政策的评价等级为良好；分地区来看，江苏、江西、山东、四川的瞪羚企业认定政策评价为优秀，海南、河南、陕西、广西、浙江、福建、湖北、辽宁、广东、重庆、河北、湖南、天津的瞪羚企业认定政策评价为良好，安徽、北京、上海、云南的瞪羚企业认定政策评价为一般。我国瞪羚企业认定政策质量未来仍有可提升的空间。

（2）从一级变量看，江苏省、江西省、四川省、海南省、河南省、陕西省、浙江省、福建省、广东省、上海市在政策性质（X_1）的得分高于平均值，说明与其余地区相比，他们的瞪羚企业认定政策的规划和措施更为明确；江苏省、山东省、四川省、海南省、河南省、广西壮族自治区、浙江省、福建省、湖北省、广东省在政策效力（X_2）的得分高于平均值，说明与其余地区相比，他们的瞪羚企业认定政策效力相对较短（时效在 3 年及以下），意味着相关政府部门需要较为频繁地根据当地瞪羚企业的实际发展情况来修订政策内容，即会在政策制定与动态调整上付出更多的努力；江苏省、山东省、四川省、河南省、陕西省、福建省、河北省在政策要求（X_3）的得分高于平均值，说明与其余地区相比，他们的瞪羚企业认定政策提出的要求较多，认定过程更为严格；江苏省、江西省、山东省、四川省、海南省、河南省、广西壮族自治区、福建省、湖北省、广东省在激励手段（X_4）的得分高于平均值，说明与其余地区相比，他们的瞪羚企业认定政策通过更为丰富的手段对瞪羚企业进行激励和扶持；江苏省、江西省、山东省、四川省、海南省、河南省、陕西省、广西壮族自治区、浙江省、湖北省、辽宁省在政策领域（X_5）的得分高于平均值，说明与其余地区相比，他们的瞪羚企业认定政策努力从更多的领域为瞪羚企业发展保驾护航；江苏省、江西省、山东省、河南省、浙江省、湖北省在政策工具类型（X_6）的得分高于平均值，说明与其余地区相比，他们的瞪羚企业认定政策对瞪羚企业的扶持更为全面；除河南省、湖北省、安徽省、云南省外，其他地区在政策结构（X_7）的得分高于平均值，说明这些地区依据充分、目标明确、方案科学；江苏省、江西省、山东省、四川省、海南省、陕西省、广西壮族自治区、辽宁省、重庆市在政策级别（X_8）的得分高于平均值，说明与其余地区相比，他们更为重视省级层面的统领和激励作用；江西省、四川省、河南省、广东省、安徽省在发布机构（X_9）的得分高于平均值，说明与其余地区相比，他们对于瞪羚企业认定与培育工作的重视程度更高。

（3）通过对一级变量进行横向运算，本章发现重庆市、天津市、北京市、上海市、云南省、浙江省、河北省、陕西省、辽宁省、安徽省、海南省、湖南省的瞪羚企业认定政策覆盖效率较高；江西省、广西壮族自治区、湖北省、江苏省、广东省、山东省、四川省、河南省、海南省、浙江省的瞪羚企业认定政策对企业的吸引力比较强；湖北省、江西省、山东省、河南省、江苏省、浙江省、广西壮族自治区、湖南省、海南省、辽宁省瞪羚企业认定政策的实干性较强。

第四章

瞪羚企业认定政策扩散原因及其影响的理论分析

第一节 瞪羚企业认定政策扩散原因的理论分析

鉴于我国瞪羚企业认定政策扩散的"自发性"特点,理解地方政府的决策动机自然成为研究的重要问题。由于我国政府管理体制的特点是经济分权和政治集权,① 中央政府与地方政府之间是一种委托代理关系,地方政府对地方资源的支配能力很强,而中央政府向下监督的成本却很高,所以为了更好地引导地方政府发展经济,长期以来中央政府实施了以经济增长为目标的政治晋升锦标赛制度,将地方官员晋升与地方经济增长绩效紧密挂钩。② 为了谋求政治晋升,地方官员往往会想尽各种办法促进经济快速增长,推出瞪羚企业认定政策很有可能成为地方政府的选择。基于此,本节从地方政府视角出发,分析瞪羚企业认定政策扩散的原因。根据弗朗西斯·S. 贝里和威廉·D. 贝里的研究,③ 政策

---

① 卢洪友,张楠. 地方政府换届、税收征管与税收激进 [J]. 经济管理, 2016 (2): 160-168.
② 周黎安. 中国地方官员的晋升锦标赛模式研究 [J]. 经济研究, 2007 (7): 36-50.
③ BERRY F S, BERRY W D. State Lottery Adoptions as Policy Innovations: An Event History Analysis [J]. *The American Political Science Review*, 1990, 84 (2): 395-415.

扩散的诱因主要包括内部因素和外部因素。内部因素包括地方政治、经济、社会等因素，外部因素包括地方政府面临的上级压力及同级竞争压力。本书在分析瞪羚企业认定政策扩散时着重关注地方政府的决策动机，所以在研究政策扩散的内部因素时主要考虑地方官员的晋升动力，在研究政策扩散的外部因素时主要考虑地方政府所承受的外部压力，即上级压力和同级竞争压力，而把其他因素作为控制变量纳入分析框架。

首先建立一个理论模型。为了简化分析，假设模型中有 2 个地区，分别由各自政府管理，2 个政府记作 G_1 和 G_2。市场中共有 K 单位资本，用 k_i 表示地区的资本投入，且 $k_1 + k_2 = K$。每个政府都可以决定推行或不推行瞪羚企业认定政策，用 I_i 表示政府用于推行瞪羚企业认定政策的投资 $(I_i \geq 0)$。借鉴蔡洪滨和丹尼尔·特瑞斯曼（Daniel Treisman）的做法①，两个地区的产出表示为：

$$F_{\cdot 1} = (\alpha I_1 + a_1) k_1 - 0.5\gamma k_1^2 - 0.5\delta I_1^2 \qquad (4-1)$$

$$F_{\cdot 2} = (\alpha I_2 + a_2) k_2 - 0.5\gamma k_2^2 - 0.5\delta I_2^2 \qquad (4-2)$$

其中，α 代表每单位用于瞪羚企业认定政策的投资所导致的资本收益增幅，a_i 代表两个地区的资本禀赋条件，$a_1 = a_2$ 时意味着两个地区完全同质；γ 代表资本的边际收益递减速度，δ 代表瞪羚企业认定政策投资的边际收益递减速度。由式（4-1）和式（4-2）可得出资本和政策投资的边际收益如下，且假设模型满足 $a_i > \gamma k_i$，以保证资本的边际收益为正。

$$\frac{\partial F_i}{\partial k_i} = \alpha I_i + a_i - \gamma k_i$$

$$\frac{\partial F_i}{\partial I_i} = \alpha k_i - \delta I_i$$

① CAI H B, TREISMAN D. Does Competition for Capital Discipline Governments? Decentralization, Globalization and Public Policy [J]. *The American Economic Review*, 2005, 95 (3): 817-830.

参考蔡洪滨和丹尼尔·特瑞斯曼①的做法，假设政府 G_1 和 G_2 都是部分自利的，其效用包括三部分。一是政府官员关心地方经济发展，经济发展带来的效用经济产出 F_i 刻画。二是政治晋升效用，用外生参数 ω 表示地方官员晋升的可能性，则 ωF_i 表示政治晋升效用。三是在职消费效用，记作 c_i。基于以上设定，政府效用可以表示为

$$U_i = (1 + \omega) F_i + \lambda c_i \qquad (4-3)$$

其中，λ 代表政府对在职消费的重视程度。

在本模型中，政府支出包括两部分，一是政府用于推行瞪羚企业认定政策的投资 I_i，二是政府的在职消费 c_i；政府收入包括两部分，一是拥有的初始财政收入 $S_i(S_i \geq 0)$，二是按照税率 t 征税获得的财政收入。基于此，可以写出地方政府 G_i 的预算约束：

$$I_i + c_i = S_i + tF_i \qquad (4-4)$$

一、当 G_1 和 G_2 同时决策

当市场不存在资本流动时，两个地区的资本分配是固定的；当资本完全流动时，资本会根据地区间的资本边际收益差异而流动，最终使得两地区的资本边际收益相同。而现实世界的情况通常介于这两种状态之间，因此本节分别分析在不存在资本流动和资本完全流动时，地方政府 G_1 和 G_2 推行瞪羚企业认定政策的情况。

（1）当不存在资本流动时，地方政府根据其预算约束［式（4-4）］来实现其效用［式（4-3）］的最大化。其中，用第一个下标 c 表示 G_1 和 G_2 同时决策，用第二个下标 s 表示资本不流动，逗号后的下标代表地区。

---

① CAI H B, TREISMAN D. Does Competition for Capital Discipline Governments? Decentralization, Globalization and Public Policy ［J］. *The American Economic Review*, 2005, 95 （3）：817-830.

对式（4-3）求 I_i 的一阶条件，

$$\frac{\partial U_{cs,i}}{\partial I_{cs,i}} = 0$$

解得

$$I_{cs,i} = \frac{\alpha k_{cs,i} - \dfrac{\lambda}{1 + \omega_{cs} + \lambda t}}{\delta} \tag{4-5}$$

由式（4-5）可以看出，在给定其他条件的情况下，当 $\omega_{cs} > \hat{\omega}_{cs}$ 时，地方政府会推行瞪羚企业认定政策，且政治晋升的可能性越大，其用于瞪羚企业认定政策的投资越多，此时经济产出 $F_{cs,i}^{I} = (\alpha I_i + a_i) k_i - 0.5\gamma k_i^2 - 0.5\delta I_i^2$；当 $\omega_{cs} \leqslant \hat{\omega}_{cs}$ 时，地方政府不会推行瞪羚企业认定政策，此时经济产出 $F_{cs,i}^{NI} = a_i k_i - 0.5\gamma k_i^2$。其中，$\hat{\omega}_{cs} = \dfrac{\lambda}{\alpha k_1} - \lambda t - 1$。进一步地计算可得，$F_{cs,i}^{I} > F_{cs,i}^{NI}$，意味着地方政府推行瞪羚企业认定政策能促进当地经济发展。

（2）当资本完全流动时，两个地区的资本边际收益相等。我们用第一个下标 c 表示 G_1 和 G_2 同时决策，用第二个下标 f 表示资本完全流动，逗号后的下标代表地区。此时满足

$$\frac{\partial F_{cf,1}}{\partial k_{cf,1}} = \frac{\partial F_{cf,2}}{\partial k_{cf,2}} \tag{4-6}$$

对式（4-3）求 $k_{cf,i}$ 的一阶条件，可得

$$\frac{\partial U_{cf,i}}{\partial k_{cf,i}} = \frac{\partial F_{cf,i}}{\partial k_{cf,i}} = \alpha I_{cf,i} + a_i - \gamma k_{cf,i} \tag{4-7}$$

结合式（4-6）、（4-7）和 $k_1 + k_2 = K$ 可得

$$\begin{cases} k_{cf,1} = \dfrac{K}{2} + \dfrac{\alpha(I_{cf,1} - I_{cf,2}) + (a_1 - a_2)}{2\gamma} \\[3mm] k_{cf,2} = \dfrac{K}{2} - \dfrac{\alpha(I_{cf,1} - I_{cf,2}) + (a_1 - a_2)}{2\gamma} \end{cases}$$

对式（4-3）求 $I_{cf,\,i}$ 的一阶条件，

$$\frac{\partial\, U_{cf,\,i}}{\partial\, I_{cf,\,i}} = 0$$

解得
$$I_{cf,\,i} = \frac{\dfrac{\alpha k_{cf,\,i}}{2} + \dfrac{\alpha a_1}{2\gamma} - \dfrac{\lambda}{1 + \omega_{cf} + \lambda t}}{\delta - \dfrac{\alpha^2}{2\gamma}} \tag{4-8}$$

与资本不流动的情况类似，在资本完全流动的情况下，给定其他条件不变，$\omega_{cf} > \hat{\omega}_{cf}$ 时，地方政府会推行瞪羚企业认定政策，且政治晋升的可能性越大，其用于瞪羚企业认定政策的投资越多，此时地方经济产出为 $F_{cf,\,i}^{I} = (\alpha I_i + a_i)\,k_i - 0.5\gamma k_i^2 - 0.5\delta I_i^2$；当 $\omega_{cf} \leq \hat{\omega}_{cf}$ 时，地方政府不会推行瞪羚企业认定政策，此时地方经济产出为 $F_{cf,\,i}^{NI} = a_i k_i - 0.5\gamma k_i^2$。

其中，$\hat{\omega}_{cf} = \dfrac{\lambda}{\dfrac{\alpha k_i}{2} + \dfrac{\alpha a_1}{2\gamma}} - \lambda t - 1$。进一步地计算可得，$F_{cf,\,i}^{I} > F_{cf,\,i}^{NI}$，意味着地方政府推行瞪羚企业认定政策能促进当地经济发展。

回到现实，纵观我国的锦标赛式晋升体制，政府换届是官员晋升的重要机遇，[①] 异地交流是考察拟晋升官员能力的一个重要过程，[②] 两者都会提高官员政治晋升的可能性。基于政府换届和异地交流而产生的晋升预期激励，政府官员为了获得上级政府的认可，并进而在晋升锦标赛中一举胜出，所以具有很强的"冲政绩"动机，而瞪羚企业认定政策所产生的经济效应可被视作政府官员的政绩"亮点"。因此，本节从政府换届和官员异地交流两个方面讨论官员内部晋升动力对瞪羚企业认定政

---

① 文雁兵. 新官上任三把火：存在中国式政治经济周期吗？[J]. 财贸经济，2014（11）：111-124.

② 姚洋，张牧扬. 官员绩效与晋升锦标赛：来自城市数据的证据 [J]. 经济研究，2014（1）：137-150.

策扩散的影响。关于政府换届对瞪羚企业认定政策扩散的影响，尽管个别官员可能秉持"不求有功，但求无过"的观念，不愿意推行较大程度的改革，但是大部分官员在政府换届前夕通常会进行政绩冲刺。① 对地方官员而言，及时推出瞪羚企业认定政策可以彰显自身的"有为"形象，并且瞪羚企业认定政策的实施将会通过激励企业创新推动地方经济增长。② 因此，政府换届所产生的晋升激励会激励地方官员推出瞪羚企业认定政策。关于官员异地交流对瞪羚企业认定政策扩散的影响，虽然少数异地交流的官员可能由于不熟悉当地的情况③而对推出新的政策持谨慎态度，但是由于官员异地交流是考察官员能力的一个非常重要阶段，大部分异地交流的官员都希望通过锐意改革突显自己的施政能力，④ 从而获得进一步晋升的机会，因而异地交流的官员有动机推出瞪羚企业认定政策。

二、当 G_1 和 G_2 先后决策

在两个政府同时决策的模型中，政府 G_1 和 G_2 不存在观察行为，只依据自身的预算约束和目标函数进行决策。为了将政府间的观察和竞争行为纳入模型分析，本节进一步分析两个政府先后决策的情况。与政府同时决策时的情况相似，本节分别分析在不存在资本流动和资本完全流动时，两个政府先后决定是否推行瞪羚企业认定政策。下面以 G_2 先行动、G_1 后行动为例，反之道理相同。我们用第一个下标 s 表示 G_1 和 G_2

---

① 顾元媛，沈坤荣. 地方政府行为与企业研发投入：基于中国省际面板数据的实证分析 [J]. 中国工业经济, 2012 (10)：77-89.

② 汪蕾，张剑虎. 瞪羚企业认定是否提高了企业创新质量 [J]. 科技进步与对策, 2021, 38 (8)：102-108.

③ 张军，高远. 官员任期、异地交流与经济增长：来自省级经验的证据 [J]. 经济研究, 2007 (11)：91-103.

④ 杨良松. 中国干部管理体制减少了地方政府教育支出吗？——来自省级官员的证据 [J]. 公共管理学报, 2013 (2)：41-51.

先后决策，用第二个下标 s 或 f 表示资本不流动或完全流动，逗号后的下标代表地区。

（1）当不存在资本流动时，基于逆向归纳法，我们先分析第二阶段 G_1 的行动。G_1 能观察到 G_2 的决策，并在此基础上根据其预算约束实现自身效用最大化。作为 G_1 的竞争对手，G_2 的决策会影响 G_1 晋升的可能性。在其他条件不变的情况下，G_2 用于推行瞪羚企业认定政策的投资越多，会使 G_1 面临越强的同级竞争压力，此时 G_1 的效用函数写为

$$U_{ss,1} = (1 + \omega_{ss}) F_{ss,1} + \lambda c_{ss,1} - \eta_{ss,1}(I_{ss,2} - I_{ss,1}) \tag{4-9}$$

其中，$\eta_{ss,1}$ 为 G_1 面临的同级竞争压力，与 $I_{ss,2}$ 的关系用 $\eta_{ss,1}(I_{ss,2})$ 表示，且满足 $\eta_{ss,1}'(I_{ss,2}) > 0$。当 $I_{ss,2} > I_{ss,1}$ 时，G_1 面临的同级竞争 $\eta_{ss,1}$ 越强，G_1 效用越低；反之，当 $I_{ss,2} < I_{ss,1}$ 时，G_1 面临的同级竞争 $\eta_{ss,1}$ 越弱，G_1 效用越高。

我们可以解出 G_1 对瞪羚企业认定政策的投资为

$$I_{ss,1} = \frac{\alpha k_{ss,1} - \dfrac{\lambda - \eta_{ss,1}}{1 + \omega_{ss} + \lambda t}}{\delta} \tag{4-10}$$

由上式可得

$$\frac{\partial I_{ss,1}}{\partial I_{ss,2}} = \frac{1}{\delta} \frac{\eta_{ss,1}'(I_{ss,2})}{1 + \omega_{ss} + \lambda t} > 0 \tag{4-11}$$

在第一阶段，G_2 的效用为 $U_{ss,2} = (1 + \omega_{ss}) F_{ss,2} + \lambda c_{ss,2} + \eta_{ss,2} I_{ss,2}$，根据其预算约束实现自身效用最大化，可以解得

$$I_{ss,2} = \frac{\alpha k_{ss,2} - \dfrac{\lambda - \eta_{ss,2}}{1 + \omega_{ss} + \lambda t}}{\delta} \tag{4-12}$$

与两个政府同时决策时的情况相似，在给定其他条件的情况下，当 $\omega_{ss} > \hat{\omega}_{ss,2}$ 时，政府 G_2 会推行瞪羚企业认定政策，且政治晋升的可能性越大，其用于瞪羚企业认定政策的投资越多，此时地方经济产出为 $F_{ss,2}^I =$

$(\alpha I_{ss,2} + a_2) k_{ss,2} - 0.5\gamma k_{ss,2}^2 - 0.5\delta I_{ss,2}^2$；当 $\omega_{ss} \leq \hat{\omega}_{ss,2}$ 时，政府 G_2 不会推行瞪羚企业认定政策，此时地方经济产出为 $F_{ss,2}^{NI} = a_2 k_{ss,2} -$

$0.5\gamma k_{ss,2}^2$。其中，$\hat{\omega}_{ss,2} = \dfrac{\lambda - \eta_{ss,2}}{\alpha k_{ss,1}} - \lambda t - 1$。

计算可得 $F_{ss,2}^{I} > F_{ss,2}^{NI}$，意味着政府 G_2 推行瞪羚企业认定政策能促进当地经济发展。

同理，对于政府 G_1 来说，在给定其他条件的情况下，当 $\omega_{ss,1} > \hat{\omega}_{ss,1}$ 时，政府 G_1 会推行瞪羚企业认定政策，且政治晋升的可能性越大，其用于瞪羚企业认定政策的投资越多，地方经济产出为 $F_{ss,1}^{I} = (\alpha I_{ss,1} + a_1) k_{ss,1} - 0.5\gamma k_{ss,1}^2 - 0.5\delta I_{ss,1}^2$；当 $\omega_{ss,1} \leq \hat{\omega}_{ss,1}$ 时，政府 G_1 不会推行瞪羚企业认定政策，地方经济产出为 $F_{ss,1}^{NI} = a_1 k_{ss,1} -$

$0.5\gamma k_{ss,1}^2$。其中，$\hat{\omega}_{ss,1} = \dfrac{\lambda - \eta_{ss,1}}{\alpha k_{ss,1}} - \lambda t - 1$。

计算可得 $F_{ss,1}^{I} > F_{ss,1}^{NI}$，意味着政府 G_1 推行瞪羚企业认定政策能促进当地经济发展。

通过比较，我们还可以发现 $\hat{\omega}_{ss,1} \leq \hat{\omega}_{ss,2}$。这意味着与 G_2 相比，促使 G_1 推行瞪羚企业认定政策所需的政治晋升激励较小，原因是 G_1 作为后行者，除了受外生政治晋升激励，还受 G_2 决策带来的竞争效应影响，若 G_2 推行瞪羚企业认定政策，G_1 为了避免政策缺位导致的效用下降，会有动机也推出瞪羚企业认定政策。

（2）当资本完全流动时，两个地区的资本边际收益相等，满足

$$\frac{\partial F_{sf,1}}{\partial k_{sf,1}} = \frac{\partial F_{sf,2}}{\partial k_{sf,2}} \tag{4-13}$$

可解得

$$\begin{cases} k_{sf,\,1} = \dfrac{K}{2} + \dfrac{\alpha(I_{sf,\,1} - I_{sf,\,2}) + (a_1 - a_2)}{2\gamma} \\[4mm] k_{sf,\,2} = \dfrac{K}{2} - \dfrac{\alpha(I_{sf,\,1} - I_{sf,\,2}) + (a_1 - a_2)}{2\gamma} \end{cases} \qquad (4\text{-}14)$$

基于逆向归纳法，对 U_1 求 I_1 的一阶条件，可得

$$\frac{\partial U_{sf,\,1}}{\partial I_{sf,\,1}} = (1 + \omega_{sf})\left(\frac{\partial F_{sf,\,1}}{\partial I_{sf,\,1}} + \frac{\partial F_{sf,\,1}}{\partial k_{sf,\,1}} \cdot \frac{\partial k_{sf,\,1}}{\partial I_{sf,\,1}}\right) + \lambda \cdot \frac{\partial c_{sf,\,1}}{\partial I_{sf,\,1}} + \eta_{sf,\,1}$$

$$= (1 + \omega_{sf} + \lambda t)\left(\frac{\partial F_{sf,\,1}}{\partial I_{sf,\,1}} + \frac{\partial F_{sf,\,1}}{\partial k_{sf,\,1}} \cdot \frac{\partial k_{sf,\,1}}{\partial I_{sf,\,1}}\right) - \lambda + \eta_{sf,\,1} = 0$$

$$(4\text{-}15)$$

可以解得

$$I_{sf,\,1} = \frac{\dfrac{\alpha k_{sf,\,1}}{2} + \dfrac{\alpha a_1}{2\gamma} - \dfrac{\lambda - \eta_{sf,\,1}}{1 + \omega_{sf,\,1} + \lambda t}}{\delta - \dfrac{\alpha^2}{2\gamma}} \qquad (4\text{-}16)$$

与资本不流动时类似，对 $I_{sf,\,1}$ 求 $I_{sf,\,2}$ 的一阶条件得

$$\frac{\partial I_{sf,\,1}}{\partial I_{sf,\,2}} = \frac{1}{\delta - \dfrac{\alpha^2}{2\gamma}} \cdot \frac{\eta_{sf,\,1}{}'(I_{sf,\,2})}{1 + \omega_{sf,\,1} + \lambda t} > 0 \qquad (4\text{-}17)$$

在第一阶段，G_2 的效用为 $U_{sf,\,2} = (1 + \omega_{sf}) F_{sf,\,2} + \lambda c_{sf,\,2} + \eta_{sf,\,2} I_{sf,\,2}$，根据其预算约束实现自身效用最大化，可以解得

$$I_{sf,\,2} = \frac{\dfrac{\alpha k_{sf,\,1}}{2} + \dfrac{\alpha a_2}{2\gamma} - \dfrac{\lambda - \eta_{sf,\,2}}{1 + \omega_{sf,\,1} + \lambda t}}{\delta - \dfrac{\alpha^2}{2\gamma}} \qquad (4\text{-}18)$$

与资本不流动的情况类似，在资本完全流动的情况下，对政府 G_2 来说，给定其他条件不变，当 $\omega_{sf,\,2} > \hat{\omega}_{sf,\,2}$ 时，政府 G_2 会推行瞪羚企业认定政策，且政治晋升的可能性越大，政府用于瞪羚企业认定政策的投

资越多，此时，可以表示出地方经济产出，即 $F^I_{sf,2} = (\alpha I_{sf,2} + a_2) k_{sf,2} - 0.5\gamma k^2_{sf,2} - 0.5\delta I^2_{sf,2}$；当 $\omega_{sf,2} \leq \hat{\omega}_{sf,2}$ 时，政府 G_2 不会推行瞪羚企业认定政策，此时地方经济产出为 $F^{NI}_{sf,2} = a_2 k_{sf,2} - 0.5\gamma k^2_{sf,2}$。其中，$\tilde{\omega}_2 = \dfrac{\lambda - \eta_{sf,2}}{\dfrac{\alpha k_{sf,2}}{2} + \dfrac{\alpha a_1}{2\gamma}} - \lambda t - 1$。进一步地计算可得 $F^I_{sf,2} > F^{NI}_{sf,2}$，意味着政府 G_1 推行瞪羚企业认定政策能促进当地经济发展。

同理，对于政府 G_1 来说，在给定其他条件的情况下，当 $\omega_{sf,1} > \hat{\omega}_{sf,1}$ 时，政府 G_1 会推行瞪羚企业认定政策，且政治晋升的可能性越大，其用于瞪羚企业认定政策的投资越多，此时地方经济产出为 $F^I_{sf,1} = (\alpha I_{sf,1} + a_1) k_{sf,1} - 0.5\gamma k^2_{sf,1} - 0.5\delta I^2_{sf,1}$；当 $\omega_{sf,1} \leq \hat{\omega}_{sf,1}$ 时，政府 G_1 不会推行瞪羚企业认定政策，此时地方经济产出为 $F^{NI}_{sf,1} = a_1 k_{sf,1} - 0.5\gamma k^2_{sf,1}$。其中，$\hat{\omega}_{sf,1} = \dfrac{\lambda - \eta_{sf,1}}{\dfrac{\alpha k_{sf,1}}{2} + \dfrac{\alpha a_1}{2\gamma}} - \lambda t - 1$。可以发现，$F^I_{sf,1} > F^{NI}_{sf,1}$，意味着政府 G_1 推行瞪羚企业认定政策能促进当地经济发展。进一步地比较，我们还可以发现 $\hat{\omega}_{sf,1} \leq \hat{\omega}_{sf,2}$。这意味着与 G_2 相比，G_1 推行瞪羚企业认定政策所需的政治晋升激励较小，原因是 G_1 作为后行者，除了受外生政治晋升激励，还受 G_2 决策带来的竞争效应影响，若 G_2 推行瞪羚企业认定政策，G_1 为了避免政策缺位导致的效用下降，会有动机也推出瞪羚企业认定政策。

G_1 和 G_2 先后决策时内部晋升动力影响推出瞪羚企业认定政策的逻辑与 G_1 和 G_2 同时决策时的逻辑相同，这里重点分析同级压力对瞪羚企业认定政策扩散的影响。按照制度经济学的逻辑，从同级压力来看，如果某项政策被越多的同级组织所采纳，那么对其他未实施该政策的组织压力就越大，从而导致更多的同级组织采取同样的政策。① 同理，由于地方政府通常会把同级政府视为竞争对手，② 率先推出瞪羚企业认定能够吸引上级政府的更多关注，加之发展瞪羚企业顺应了国家高质量发展的政策导向，所以尽早推出瞪羚企业政策有助于地方政府官员在同级竞争中获得先行优势。除了同级压力，我们还应考虑上级压力的影响。为了简化分析，模型中未包含上下级政府的互动关系，因此我们根据现有研究和现实经验进行分析。现有研究表明，来自上级政府的行政压力通常是政策扩散的一个重要原因，③ 但是由于我国中央政府并没有出台任何关于瞪羚企业认定政策的指导性文件，并且从本节的研究样本也可以看出，省级政府先于地市级政府推出瞪羚企业认定政策的样本数量也较少，所以瞪羚企业认定政策扩散的动力应该主要源自于地方政府的自发性行为，而不是源自于上级政府的行政压力。

通过以上模型推导和理论分析，本节得出以下待检验的命题：

命题1：政府换届和官员异地交流产生的内部晋升动力会促进瞪羚企业认定政策的扩散；

命题2：同级压力会促进瞪羚企业认定政策的扩散，但是上级压力对瞪羚企业认定政策扩散的影响不显著。

---

① DIMAGGIO P J, POWELL W W. The Iron Cage Revisited: Institutional Isomorphism and Collective Rationality in Organizational Fields [J]. *American Sociological Review*, 1983, 48 (2): 147-160.

② 王浦劬, 赖先进. 中国公共政策扩散的模式与机制分析 [J]. 北京大学学报 (哲学社会科学版), 2013, 50 (6): 14-23.

③ SHIPAN C R, VOLDEN C. The Mechanisms of Policy Diffusion [J]. *American Journal of Political Science*, 2008, 52 (4): 840-857.

第二节 瞪羚企业认定政策扩散影响的理论分析

一、瞪羚企业认定政策对企业迎合行为的影响机制分析

在我国，政府承担制定政策、引导资源配置的角色，这会在一定程度上制造寻租空间，进而引起企业的寻租活动。李雪灵等基于世界银行38 个国家样本数据的实证研究，指出为了迎合政策规定，企业会采取活跃的寻租行为。[①] 除企业寻租行为外，现有研究表明与企业认定相关的政策还会导致其他形式的企业迎合行为。如黎文靖等发现在产业政策鼓励下，企业出现追求创新数量、忽视创新质量的"策略性创新"行为，以迎合产业政策中关于企业创新的指标要求;[②] 杨国超等针对高新技术企业认定政策进行研究，发现企业会通过操纵研发投入和研发人员比例来迎合认定标准;[③] 邢会等针对战略性新兴产业政策进行研究，发现企业通过增加创新产出数量来迎合政策的结果;[④] 杜瑞和李延喜发现在我国以补贴高技术企业为导向的政策影响下，高研发投入的企业为了减轻研发活动导致的收益波动，倾向于通过正向盈余管理来迎合市场对它们的原本期望;[⑤] 赵璨等发现盈利状况较差的企业通过负向盈余管理

[①] 李雪灵，张惺，刘钊，等. 制度环境与寻租活动：源于世界银行数据的实证研究 [J]. 中国工业经济，2012 (11)：84-96.

[②] 黎文靖，郑曼妮. 实质性创新还是策略性创新？——宏观产业政策对微观企业创新的影响 [J]. 经济研究，2016 (4)：60-73.

[③] 杨国超，刘静，廉鹏，等. 减税激励、研发操纵与研发绩效 [J]. 经济研究，2017，52 (8)：110-124.

[④] 邢会，王飞，高素英. 战略性新兴产业政策促进企业实质性创新了吗？——基于"寻租"调节效应的视角 [J]. 产经评论，2019，10 (1)：86-99.

[⑤] 杜瑞，李延喜. 企业研发活动与盈余管理：微观企业对宏观产业政策的适应性行为 [J]. 科研管理，2018，39 (3)：122-131.

迎合地方政府的亏损企业补贴标准，而盈利状况较好的企业通过正向盈余管理争取地方政府的高贡献企业补贴标准。① 由于与企业认定相关的产业政策或补贴政策在认定标准上存在差异，所以以上研究根据政策的不同特点对企业迎合行为进行分析，但目前没有针对瞪羚企业认定的研究，瞪羚企业认定是否影响以及如何影响企业迎合行为的问题仍未有明晰的答案。

信息不对称理论可以为解释瞪羚企业认定影响企业迎合行为提供依据。市场中存在的信息不对称问题不利于创新创业企业的经营和发展，信息不对称程度越高，企业面临的资本成本越高、融资约束越强。而政府开展瞪羚企业认定工作，使被认定为瞪羚企业成为一种信号，有利于降低市场中信息不对称程度。根据信号传递理论，信号的有效性有两个前提条件：一是可选择性，即被作为信号的行为是非强制的；二是不易模仿性，即高质量企业和低质量企业传递信号的成本差异大，信号行为难以被模仿。对创新创业企业来说，申请瞪羚企业认定属于企业可选择的自主行为，因此被认定为瞪羚企业符合信号的第一个条件；只有营业额、利润、增长速度等指标符合要求的企业才能通过认定，因此被认定为瞪羚企业符合信号的第二个条件。企业提交认定申请后，政府会组织行业权威人员开展评估会议，讨论备选企业的商业价值和潜在风险，所以入选的瞪羚企业可被认为其获得了政府部门的背书，这个信号能有利于企业获取更多投资，吸引更多人才，② 提升盈利能力，因此被认定为瞪羚企业是一种有效且有利于企业的信号。基于以上分析，为了向市场释放积极信号，创新创业企业都有动机争取获得瞪羚企业认定。然而，

---

① 赵璨，王竹泉，杨德明，等.企业迎合行为与政府补贴绩效研究：基于企业不同盈利状况的分析 [J].中国工业经济，2015（7）：130-145.

② BESHAROV M L, SMITH W K. Multiple Institutional Logics in Organizations：Explaining their Varied Nature and Implications [J]. *Academy of Management Review*, 2014, 39（3）：364-381.

由于政府也不可能完全了解企业的经营信息和发展前景，只能通过制定标准来筛选企业。信息不对称可能引发企业逆向选择，即企业有动机采取行为迎合政府，以获取瞪羚企业认定。图4-1为逻辑分析图。

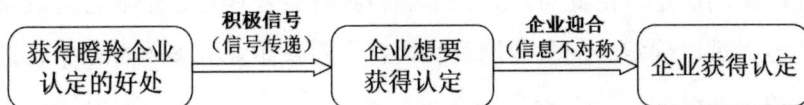

图 4-1　逻辑分析图

　　基于已有研究，企业迎合政府的手段有两种。一种是寻租，即企业采取积极行动与政府建立良好的政企关系①。根据寻租理论，企业的寻租行为具备"润滑剂"和"保护伞"的功能。"润滑剂"指寻租可以帮助企业获取税收、融资等政策的倾斜，以减轻资金负担，还可以帮助企业获取更多政府采购订单，促进销售增长；"保护伞"指企业可以通过寻租减少政府的任务摊派、降低经营压力。②③ 这些都有利于提升企业业绩表现，促使其达到瞪羚企业标准，因此企业有动机对政府进行寻租。企业对政府的另一种迎合手段是盈余操纵。④ 为了通过获得瞪羚企业认定，企业有可能进行正向盈余操纵，原因在于瞪羚企业认定政策关注的对象是高成长型企业，认定工作对参评企业的营业收入或利润增长要求较高，这可能会导致企业高管利用会计政策对财务报表进行正向盈

----

① 赵璨，王竹泉，杨德明，等 . 企业迎合行为与政府补贴绩效研究：基于企业不同盈利状况的分析 ［J］. 中国工业经济，2015（7）：130-145.

② MAURO P. Corruption and Growth ［J］. *Quarterly Journal of Economics*，1995，110（3）：681-712.

③ ADIT T S，DUTTA J. Policy Compromises：Corruption and Regulation in a Democracy ［J］. *Economics & Politicas*，2008，20（3）：335-360.

④ 赵璨，王竹泉，杨德明，等 . 企业迎合行为与政府补贴绩效研究：基于企业不同盈利状况的分析 ［J］. 中国工业经济，2015（7）：130-145.

余操纵，以达到经营业绩标准。① 但企业也有可能进行负向盈余操纵，原因在于瞪羚企业认定工作每年开展一次，参评企业可能会通过负向盈余操纵来平滑利润，② 为未来业绩增长留出空间，以谋求再次通过瞪羚企业政策的认定。由此可见，为了获得瞪羚企业评定，企业进行盈余操纵的方向难以确定，但就我国现状而言，瞪羚企业大多体量较小，进行正向盈余操纵的可能性较大。

政府和市场通常会对政策效果产生调节作用。从政府的角度看，我国瞪羚企业认定政策制定和认定工作开展的主体是政府，随着分权体制改革不断深入，地方政府在财政支配上拥有越来越多的自主权，瞪羚企业扶持措施也因此具备更多的自主性。财政支出自主权较高的地方政府有能力制定详尽、丰富的瞪羚企业扶持措施，这会增强企业参与瞪羚企业认定的动机，增强企业寻租的激励。同时，自主性较高的政府能够对财政支出进行更高效的配置，通过增加生产性服务供给，③ 有助于提高企业边际生产率，提升企业业绩表现，这会减少企业正向盈余操纵。从市场的角度看，市场化水平越高，要素市场和产品市场越完善，④ 瞪羚企业扶持措施对企业的吸引力越强，越可能使企业为了争取瞪羚企业认定进行寻租。同时，市场化水平越高，市场的自我协调能力与组织能力较强，有利于降低企业经营成本、提升经营绩效，减少企业正向盈余操纵。

因此，本书提出如下假设：

---

① DEGEORGE F, PATEL J, ZECKHAUSER R. Earnings Management to Exceed Thresholds [J]. *Journal of Business*, 1999, 72 (1): 1-33.

② HAND J R M. Did Firms Undertake Debt-equity Swaps for an Accounting Paper Profit of True Financial Gain? [J]. *The Accounting Review*, 1989, 64 (4): 587-623.

③ KEEN M, MARCHAND M. Fiscal Competition and The Pattern of Public Spending [J]. *Journal of Public Economics*, 1997 (66): 33-53.

④ 李艳丽，赵大丽，高伟. 市场化改革、知识转移与区域创新能力研究 [J]. 软科学，2012 (4): 27-35.

假设4-1：瞪羚企业认定会使企业进行寻租和正向盈余操纵；财政分权和市场化水平会对加强瞪羚企业认定对企业寻租的影响，削减对企业正向盈余操纵的影响。

二、瞪羚企业认定政策对企业创新质量的影响机制分析

在理论上，与其他企业相比，瞪羚企业在获取人力资本、提升自身资金配置效率和盈利能力方面更具有优势，有利于企业提高创新质量。具体而言，首先，瞪羚企业认定能缓解由于市场信息不对称产生的约束，原因在于瞪羚企业认定是政府主导开展的工作，政府在收集材料后会组织行业权威专家开展评估会议，判断备选企业的潜力和风险。因此，获得瞪羚企业认定可看作是企业获得了政府的背书，这一信号能帮助投资者判断企业的经营情况和成长潜力，降低企业与投资者间的信息不对称性，提高企业获取更多投资和人才的可能性，[①] 进而提升创新质量。其次，瞪羚企业认定能帮助企业形成竞争优势，原因在于"瞪羚企业"称号对于企业来说是一种无形资产，可以传递出和政府关系良好的信号，有利于企业树立市场形象、提高生产效率、取得超额利润，[②] 促使企业盈利能力提升、创新质量提升。最后，瞪羚企业能够直接享受政策福利，尽管不同地区的瞪羚政策各有特色，但它们大多都以改善瞪羚企业经营发展条件为着力点提供各种支持，方式包括直接贴息、间接减税、孵化咨询、人才扶持等，这些都可以直接或间接地提升瞪羚企业资金配置效率、提升盈利能力、缓解人才短缺压力，为高质量创新活动提供保障。但对于企业来说，经营绩效和创新质量未必会在获

---

① BESHAROV M L, SMITH W K. Multiple Institutional Logics in Organizations：Explaining their Varied Nature and Implications [J]. *Academy of Management Review*, 2014, 39（3）：364-381.

② 宋凌云，王贤彬. 重点产业政策、资源重置与产业生产率 [J]. 管理世界，2013（12）：63-77.

得认定后得到显著提升，因为创新质量提升本质源于高水平的研发活动，所以资本和劳动力具体投向何处决定着创新质量能否真正得到提升，若只是用于生产经营或非实质性创新活动，则企业认定带来的资本和劳动力资源无法真正地提高企业创新质量。鉴于我国开展瞪羚企业认定的时间较短、企业创新质量总体不高的现状，现阶段瞪羚企业认定对企业创新质量的边际提升效应可能较为明显。

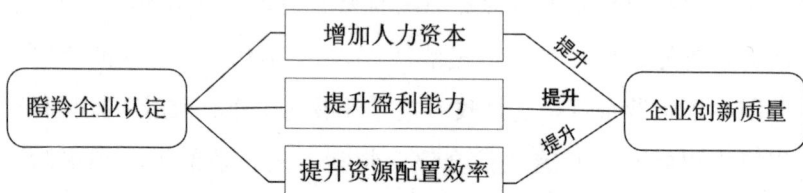

图 4-2 瞪羚企业认定影响企业创新质量的机制分析图

知识产权保护是影响企业创新质量的重要因素。[①] 对企业创新活动来说，知识产权保护是政府治理的一项重要内容，但知识产权保护对企业创新质量存在两方面影响：一方面，适当的知识产权保护能够刺激企业创新，原因在于知识产权保护能帮助企业形成竞争优势、获得垄断利润，鼓励研发企业进行高质量创新，[②] 如果缺乏有效的知识产权保护，未从事研发的企业可以通过模仿以较低成本实现技术进步，但从事研发的企业会因为无法收回创新投资而失去继续创新的动机；另一方面，知识产权保护过强可能不利于提高企业创新质量，原因是严格的知识产权保护可能会阻碍技术的良性传播，[③] 导致其他企业在低技术水平研发上

① 史宇鹏，顾全林. 知识产权保护、异质性企业与创新：来自中国制造业的证据 [J].
金融研究, 2013（8）：136-149.

② 吴超鹏，唐菂. 知识产权保护执法力度、技术创新与企业绩效：来自中国上市公司
的证据 [J]. 经济研究, 2016（10）：125-139.

③ PUGA T, TREFLER D. Wake Up and Smell the Ginseng International Trade and the Rise of
Incremental Innovation in Low-wage Countries [J]. *Journal of Development Economics*,
2010, 91（1）：64-76.

重复投资，而研发企业可能会过于依赖知识产权保护而缺乏更高质量的创新活动。考虑到我国在 1980 年加入世界知识产权组织之后才开始逐步出台《中华人民共和国专利法》等相关法律法规，知识产权保护工作起步晚、基础弱，目前知识产权保护强度可能正处于促进企业创新的阶段，并未达到阻碍技术良性传播的程度。

除了知识产权保护，市场化水平也影响企业的创新质量。[①] 通常来说，政府与市场的关系、非国有经济发展程度是衡量市场化水平的重要内容。对于企业创新质量来说，市场化水平高低对企业创新质量存在两方面影响：一方面，市场化水平较高时，产品市场和要素市场发育程度高，市场机制越能发挥优胜劣汰的作用，有利于企业对创新资源进行更合理的配置，从而不断提高创新质量。[②] 但另一方面，较低的市场化水平也有可能促进企业创新质量的提高。原因在于，在目前我国各级政府定期接受考核和晋升锦标赛的环境当中，企业创新对于政府来说是重要的考核指标。与非国有经济相比，国有控股企业与政府之间的联系相对密切，会为配合政府发展目标而进行创新研发以提高创新质量。鉴于我国市场化改革起步较晚，企业从目前市场化改革中的获益可能难以激励他们进行高质量创新活动。

基于此，本书提出如下假设：

假设 4-2：瞪羚企业认定会通过提升人力资本投入、企业资金配置效率和盈利能力提高企业创新质量；知识产权保护会正向调节瞪羚企业认定对企业创新质量的影响；市场化水平会负向调节瞪羚企业认定对企业创新质量的影响。

---

① 孙早，刘李华，孙亚政. 市场化程度、地方保护主义与 R&D 溢出效应：来自中国工业的经验证据 [J]. 管理世界，2014（8）：78-89.
② 戴魁早，刘友金. 行业市场化进程与创新绩效：中国高技术产业的经验分析 [J]. 数量经济技术经济研究，2013（9）：37-54.

三、瞪羚企业认定政策对企业绩效的影响机制分析

本节认为，瞪羚企业认定通过缓解企业的融资约束、提高企业的创新质量提升企业的经营绩效，但是瞪羚企业认定也会刺激企业寻租，从而降低企业的经营绩效。首先，入选瞪羚企业有利于缓解企业的融资约束，促进企业发展。一是政府对于瞪羚企业的财政支持及税收优惠无疑会缓解企业的融资约束，二是入选瞪羚企业可以向投资者传递一个积极的信号，从而助力企业对外融资。瞪羚企业认定是政府主导的一项工作，政府在遴选和认定企业时能够搜集更多信息，组织相关领域的专家对企业的竞争能力、市场价值和潜在风险等因素进行客观评估。因此，入选瞪羚企业可以向投资者传递企业发展能力和市场潜力的积极信号，在一定程度上降低企业与投资者之间的信息不对称，有利于瞪羚企业在资本市场上获取更多的外部投资。① 其次，入选瞪羚企业有利于促进企业创新。一是政府会对瞪羚企业的生产经营给予许多政策支持，包括贷款利息补贴、税收优惠、企业孵化、资源对接、发展规划指导、项目与人才对接等，这些政策支持可以直接或间接地刺激企业进行创新；二是政府对瞪羚企业的中期检查或期末验收可能会包含直接或间接的创新成效方面的要求，这将会迫使企业进行创新。最后，瞪羚企业认定也会刺激企业的寻租行为，从而降低企业的经营绩效。由于入选瞪羚企业意味着能够获得更多的资源，所以企业有动机采取各种手段进行寻租，但是寻租本身也需付出很多成本，这无疑会挤占企业的创新及生产资源，直接影响企业利润，从而降低企业的绩效。

市场化水平会调节瞪羚企业认定对企业绩效的影响。通常来说，市场化水平越高，政府与市场的边界越清晰，政府对企业的干预程度越

---

① BESHAROV M L, SMITH W K. Multiple Institutional Logics in Organizations: Explaining their Varied Nature and Implications [J]. *Academy of Management Review*, 2014, 39 (3): 364-381.

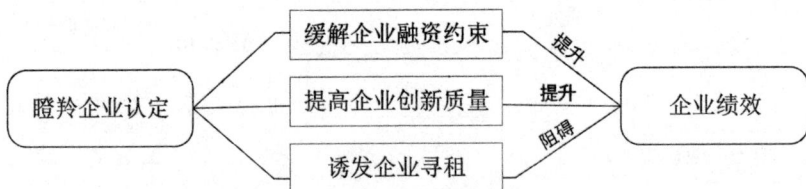

图4-3 瞪羚企业认定影响企业绩效的机制分析图

低，产品市场和要素市场越完善，市场机制越能发挥优胜劣汰的作用，越有利于提升企业绩效。①

基于此，本书提出如下假设：

假设4-3：瞪羚企业认定通过缓解企业融资约束、提高创新质量提升企业绩效，但是会诱发寻租行为，从而降低企业绩效；市场化水平正向调节瞪羚企业认定对企业绩效的影响。

四、瞪羚企业认定政策对企业社会贡献的影响机制分析

关于瞪羚企业认定对企业税收的影响，尽管政府的税收优惠政策会减少瞪羚企业的纳税总额，但是由于瞪羚企业能够获得更多贷款贴息、税收优惠、创新配套资金、用房用地补贴等支持，所以瞪羚企业可以扩大经营规模、获取规模收益，提高创新质量、改善经营效率、提升企业利润，从而创造更多的税收。也就是说，总体上而言，瞪羚企业快速扩张所带来的规模效应以及创新增强所导致的效率效应会提高瞪羚企业的税收贡献。关于瞪羚企业认定对就业的影响，可能会产生正反两个方面的作用：一是瞪羚企业快速扩张所带来的规模效应会创造更多的就业机会，二是瞪羚企业创新增强所导致的效率效应会降低对劳动力的需求。

---

① 戴魁早，刘友金. 行业市场化进程与创新绩效：中国高技术产业的经验分析［J］. 数量经济技术经济研究，2013（9）：37-54.

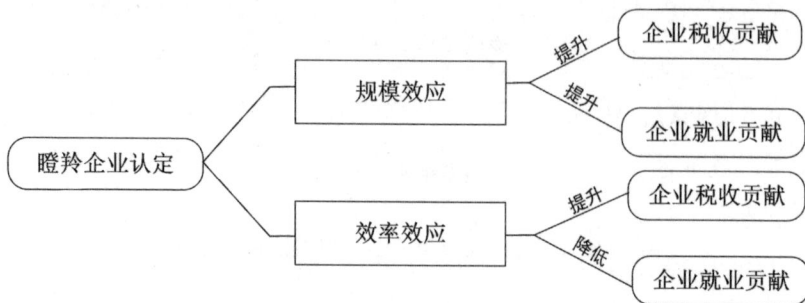

图 4-4　瞪羚企业认定影响企业税收贡献和就业贡献的机制分析图

市场化水平会调节瞪羚企业认定对企业社会贡献的影响。通常来说，市场化水平越高，政府与市场的边界越清晰，政府对企业的干预程度越低，产品市场和要素市场越完善，市场机制越能发挥优胜劣汰的作用，越有利于提升企业绩效,[①] 并进而提升企业的税收贡献，创造更多的就业机会。

基于此，本书提出如下假设：

假设 4-4：瞪羚企业认定会通过规模效应和效率效应提高瞪羚企业的税收贡献；瞪羚企业认定会通过规模效应增加企业的就业贡献，但是会通过效率效应降低企业的就业贡献；市场化水平正向调节瞪羚企业认定对税收贡献和就业贡献的影响。

五、瞪羚企业认定政策对地区经济发展的影响机制分析

瞪羚企业认定可以通过刺激创新创业和促进地区市场化水平提高助力地区经济发展。首先，瞪羚企业认定通常会通过研发专项补助、科研项目资金配套、技术改造资金支持等形式间接诱导企业进行科技创新，

---

① 戴魁早，刘友金.行业市场化进程与创新绩效：中国高技术产业的经验分析 [J].
　数量经济技术经济研究，2013（9）：37-54.

也会通过中期检查或期末验收等任务要求直接"督促"企业开展创新活动，① 活跃的创新活动无疑会助推地方经济的发展。② 其次，瞪羚企业认定可以通过促进地区市场化水平提高推动地方经济发展。从要素市场来看，瞪羚企业认定政策通常在融资审批、人才引进、经营用地等方面为企业提供政策支持，这些政策会刺激生产要素流向效率较高的瞪羚企业，资源配置效率的改善有利于促进地方经济发展。③ 从产品市场来看，瞪羚企业认定通过帮助企业对接名企、参加展会等形式，提升瞪羚企业在产品市场的认可度和竞争力，有利于新产品市场的快速扩张，并进而促进地方经济发展。④ 从市场中介机构来看，瞪羚企业认定往往会刺激对管理经营、知识产权、技术标准、财务法律、创业孵化等方面的服务需求，这些服务机构的快速发展有利于提升市场效率，⑤⑥ 从而有利于地区经济发展。

基于此，本书提出如下假设：

假设4-5：瞪羚企业认定可以通过刺激创新创业、提高市场化水平来促进地区经济发展。

---

① 汪蕾，张剑虎. 瞪羚企业认定是否提高了企业创新质量 [J]. 科技进步与对策，2021，38（8）：102-108.

② 朱勇，张宗益. 技术创新对经济增长影响的地区差异研究 [J]. 中国软科学，2005（11）：92-98.

③ 宋凌云，王贤彬. 重点产业政策、资源重置与产业生产率 [J]. 管理世界，2013（12）：63-77.

④ 王玉荣，聂春红，杨震宁，等. 创新信息和市场导向对企业创新绩效的影响 [J]. 科学学与科学技术管理，2014（8）：57-68.

⑤ 胡海青，李浩. 加速器支持、环境动态性与瞪羚企业突破式创新 [J]. 科研管理，2015（12）：47-55.

⑥ 王康，李逸飞，李静，等. 孵化器何以促进企业创新？——来自中关村科技园的微观证据 [J]. 管理世界，2019（11）：102-118.

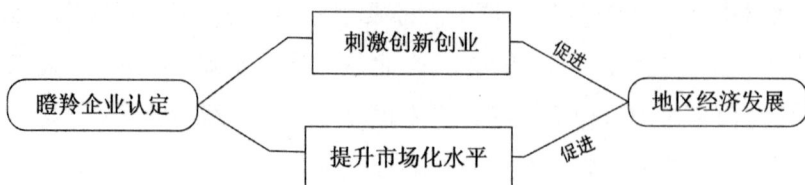

图 4-5 瞪羚企业认定影响地区经济发展的机制分析图

第三节 本章小结

本章从理论上分析了瞪羚企业认定政策扩散原因及其影响。首先，建立一个博弈模型，模型分析了两个相互竞争的地方政府为了最大化自身效用，决定何时推出瞪羚企业认定政策。研究发现，地方政府官员晋升的可能性越大，其越有可能推出瞪羚企业认定政策；同级竞争压力会促使地方政府更有动机推出瞪羚企业认定政策。其次，本章分析了瞪羚企业认定政策对企业迎合行为、企业创新质量、企业绩效、企业社会贡献、地区经济发展的影响及其作用机制。本章为后文实证分析提供理论基础，使得逻辑脉络更为清晰。

第五章

瞪羚企业认定政策扩散原因的实证分析

第一节　实证研究设计

一、样本选择与数据来源

由于地级市政府是我国推出瞪羚企业认定政策的主要主体，所以本节采用地级市层面的统计数据。基于以下两个原因，本书选择2010—2020年作为样本期间：第一，尽管瞪羚企业认定政策在2003年首次推出，但是从2010年起国内才开始每年都有瞪羚企业认定政策推出；第二，地级市统计数据目前只更新到2020年。在剔除经济统计数据缺失严重的地级市之后，按照地级市—年份的格式进行整理，本节共得到2869个样本。数据来源是中国瞪羚网（https：//www. chinagazelle. cn/）、《中国城市统计年鉴》，以及自行整理的数据，并用插值法补充部分缺失的数据。

二、模型选择与变量定义

(一) 模型选择

借鉴李智超[①]、朱旭峰和赵慧[②]的研究，本节采用事件史分析方法研究瞪羚企业认定政策扩散问题。如果把推出认定政策看作是一个事件，那么一个地区在观察期开始时就会有一个该事件发生的概率，由于不同地区所面临的约束条件不同，所以该事件发生的概率也不尽相同。与传统的参数估计方法相比，事件史分析法的优点是可以最大程度地利用删失样本。[③] 因此，采用事件史分析方法有助于更加全面地分析瞪羚企业认定政策扩散的原因。由于样本数据的离散特征，所以本节采用离散时间 logit 模型进行研究。具体模型为

$$\text{logit}(policy_{it}) = \log\left(\frac{policy_{it}}{1 - policy_{it}}\right) = \beta_0 + \beta_1 circle_{it} + \beta_2 trans_{it}$$
$$+ \beta_3 Sl_{it} + \beta_4 Ul_{it} + \beta_5 X_{it} + \varepsilon_{it} \tag{5-1}$$

(二) 变量定义

1. 被解释变量

$\text{logit}(policy_{it})$ 代表城市 i 在时间 t 推出瞪羚企业认定政策的概率，其中 $policy_{it}$ 为二分变量，当城市 i 在时间 t 推出瞪羚企业认定政策时 $policy_{it} = 1$，反之 $policy_{it} = 0$。

---

① 李智超. 政策试点推广的多重逻辑：基于我国智慧城市试点的分析 [J]. 公共管理学报, 2019, 16 (3)：145-156.

② 朱旭峰, 赵慧. 政府间关系视角下的社会政策扩散：以城市低保制度为例 (1993—1999) [J]. 中国社会科学, 2016 (8)：95-116.

③ 删失样本是指直到观察期结束时仍未发生的观测事件的样本, 事件史分析法能够将这些样本纳入分析模型, 而不是简单地剔除这些样本。

2. 核心解释变量

$circle_{it}$ 代表政府换届。贾俊雪等①、顾元媛和沈坤荣认为，地方政府行为受到政府换届的影响；顾元媛和沈坤荣②发现，政府官员在全国党代会召开的前一年会为竞争下一年的晋升机会而突击实施"亮点"项目。借鉴以上研究的思路，这里选取政府换届为解释变量，当 i 年是党代会前一年时 $circle_{it}$ 取 1，其他年份取 0。$trans_{it}$ 代表官员异地交流的情况，借鉴李智超③的做法，如果当地市委书记或市长在样本期间由外地调入，则变量 $trans_{it}$ 取 1，否则取 0。Sl_{it} 代表同级压力，是全国范围内推出瞪羚企业认定政策的同级政府的数量。Ul_{it} 代表上级压力，当上级政府已经推出瞪羚企业认定政策时，Ul_{it} 取 1，否则取 0。

3. 控制变量

基于以下原因，本节选择人均 GDP、地区财政分权水平、地区市场化水平、所处地区、行政级别、地区科技投入、地区人口规模作为控制变量。一是地区经济发展水平越高，地方政府对创新政策推广的积极性也越高，④ 也越能够克服创新政策推广过程中的阻力，⑤ 因此选取人均 GDP 作为控制变量；二是地区财政分权水平越高，政府的财政支配权越大，越有可能将财政资金用于瞪羚企业的认定和培育，因此选择地区财政分权水平作为控制变量；三是地区市场化水平越高意味着资源配置效率越高，区域内的企业越有可能发展成为潜在的瞪羚企业，进而对

① 贾俊雪，郭庆旺，赵旭杰. 地方政府支出行为的周期性特征及其制度根源 [J]. 管理世界，2012 (2)：7-16.
② 顾元媛，沈坤荣. 地方政府行为与企业研发投入：基于中国省际面板数据的实证分析 [J]. 中国工业经济，2012 (10)：77-89.
③ 李智超. 政策试点推广的多重逻辑：基于我国智慧城市试点的分析 [J]. 公共管理学报，2019，16 (3)：145-156.
④ 黄安胜，章子豪，朱春奎. 中国科技特派员制度的扩散分析：基于省际扩散的实证 [J]. 软科学，2020 (11)：4-20.
⑤ 李健，张文婷. 政府购买服务政策扩散研究：基于全国 31 省数据的事件史分析 [J]. 中国软科学，2019 (5)：60-67.

瞪羚企业认定政策产生更高的需求，越有可能迫使政府推出瞪羚企业认定政策，因此选择地区市场化水平作为控制变量；四是由于南北方地区瞪羚企业认定政策扩散的程度不同，所以为了规避企业所在地的不同影响，这里控制了研究对象的区域属性；五是由于不同级别的城市对瞪羚企业认定政策的需求也不同，所以选择城市行政级别作为控制变量；六是地区科技投入水平越高，当地培育出瞪羚企业的可能性越大，对瞪羚企业认定的需求也就越大，因此选择城市科技投入水平作为控制变量；七是城市人口越多，城市规模越大，培育出瞪羚企业的可能性越大，对瞪羚企业认定的需求也就越大，因此选择城市人口规模作为控制变量。

借鉴李智超[①]的做法，考虑到经济因素的影响存在滞后性，本书对人均 GDP、地区财政分权水平、地区市场化水平、地区科技投入、地区人口规模进行滞后处理，采用其上一期的数据。具体变量含义与变量数据的描述性统计分别见表 5-1 和表 5-2。

表 5-1　变量名、变量符号及含义

	变量名	变量符号	含　义
内部动力	政治周期	*circle*	党代会前一年取 1，其他取 0
	官员交流	*trans*	当地市委书记或市长在样本期间是否是由外地调入
外部压力	同级压力	*Sl*	推出瞪羚企业认定政策的同级行政区的数量
	上级压力	*Ul*	上一级政府是否推出瞪羚企业认定政策

---

① 李智超. 政策试点推广的多重逻辑：基于我国智慧城市试点的分析 [J]. 公共管理学报，2019，16（3）：145-156.

	变量名	变量符号	含 义
控制变量	地区经济发展	*GDP*	地区人均国民生产总值的对数值
	地区财政分权水平	*finance*	本级财政支出/（本级财政支出+上级财政支出）
	地区市场化水平	*market*	地区市场化指数
	所处地区	*region*	若地处北方地区，*region*=0；若地处南方地区，*region*=1
	城市行政级别	*citytype*	若为正厅级非省会地级市，*citytype*=1；若为正厅级省会城市，*citytype*=2；若为副省级城市，*citytype*=3
	地区科技投入水平	*tech*	地区科技投入/地区 GDP
	地区人口规模	*popu*	地区人口总数的对数值

表 5-2 变量数据的描述性统计

变量	样本数	均值	标准差	最小值	最大值
circle	2869	0.171	0.366	0	1
trans	2869	0.315	0.449	0	1
Sl	2869	15.455	1.311	0	38
Ul	2869	0.012	0.092	0	1
GDP	2869	8.824	1.028	6.766	12.184
finance	2869	0.493	0.296	0.002	0.718
market	2869	6.489	1.511	2.330	10
region	2869	1.536	0.477	0	1
citytype	2869	1.121	0.438	1	3
tech	2869	−6.914	1.655	−13.147	−4.257
popu	2869	4.516	0.631	2.645	7.941

第二节 实证结果分析

一、基准回归分析

在事件史分析中，通常用生存函数或风险函数来刻画被观测样本的生存时间分布特征。结合本节研究，可以把尚未推出瞪羚企业认定政策的城市状态定义为"生存"，把已经推出认定政策的城市状态定义为"死亡"。因此，生存函数 $S(t)$ 是指某一城市在第 t 时刻尚未推出瞪羚企业认定政策的概率，而风险函数 $1 - S(t)$ 则是"该政策推出的概率"。

$$1 - S(t) = 1 - \prod_{t_i \leqslant t} \frac{n_i - d_i}{n_i} \qquad (5-2)$$

其中，n_i 是在一段时间 $[t_{i-1}, t_i]$ 内尚未推出瞪羚企业认定政策的城市数量，d_i 是在第 t_i 时刻推出瞪羚企业认定政策的城市数量。

按照卡普兰-梅尔（Kaplan-Meier）估计方法，可以分析瞪羚企业认定政策随着时间的变化而扩散的趋势。图 5-1 展示了瞪羚企业认定政策的累积风险率（即"政策推出概率"）随时间变化的情况。从图 5-1 可以看出，瞪羚企业认定政策推出的概率随着时间的推移而不断上升。

尽管卡普兰-梅尔估计初步直观地展示了瞪羚企业认定政策随着时间的推移而扩散的趋势，但是为了更为严谨地进行检验，本部分采用离散时间 logit 模型进行生存回归分析。在生存回归分析之前，先对自变量进行相关性检验和多重共线性检验，检验的结果如表 5-3 所示。由于自变量之间的相关系数较小，并且各自变量的 VIF 值在 1.05 至 2.14 之间，都远低于 10，这说明自变量之间不存在严重的多重共线性问题。

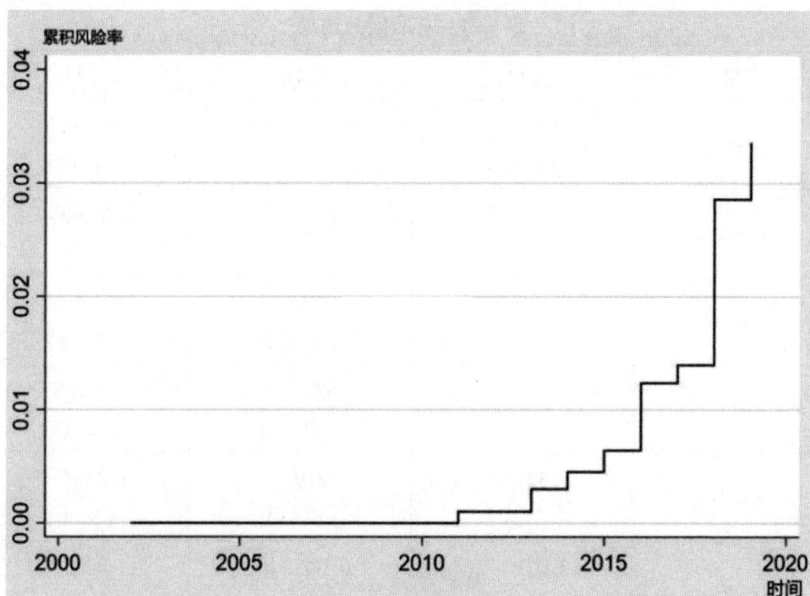

图 5-1　累积风险率图

表 5-3　自变量的相关性和多重共线性检验结果

变量	circle	trans	Sl	Ul	Gdp	finance	market	region	citytype	tech	popu
circle	1.000										
trans	0.001	1.000									
Sl	0.048	-0.016	1.000								
Ul	-0.027	-0.044	0.104	1.000							
GDP	0.010	0.023	0.603	0.141	1.000						
finance	-0.033	0.004	0.216	0.010	0.171	1.000					
market	-0.014	-0.001	0.293	0.144	0.437	0.007	1.0000				
region	0.003	-0.041	-0.008	0.005	0.068	-0.036	0.377	1.000			
citytype	0.003	0.286	-0.044	-0.030	0.173	-0.058	-0.016	0.038	1.000		
tech	0.185	-0.073	-0.065	-0.069	-0.059	0.111	-0.219	-0.012	-0.206	1.000	
popu	0.002	0.185	0.091	0.073	0.237	-0.375	0.324	0.094	0.486	-0.403	1.000
VIF 值	1.050	1.100	1.710	1.050	1.480	1.320	1.720	1.200	1.520	1.780	2.140

表5-4　基准回归结果

变量	(1)	(2)	(3)
circle	0.943** (1.91)	—	0.836* (1.72)
trans	0.218* (1.78)	—	0.165* (1.78)
Sl	—	0.855** (2.27)	0.787** (2.34)
Ul	—	−0.445 (−0.72)	0.288 (−0.13)
GDP	1.325*** (3.12)	1.219*** (3.61)	1.244*** (3.36)
finance	0.071*** (2.61)	0.063*** (2.75)	0.051 (0.49)
market	0.268 (1.02)	0.154 (0.33)	0.162 (0.41)
region	−0.003 (−0.02)	−0.131 (0.39)	0.172 (0.48)
citytype	0.412 (1.15)	0.488 (1.32)	0.479 (1.21)
tech	0.021 (0.07)	0.424* (1.85)	0.313 (1.14)
popu	1.231*** (3.99)	1.458*** (5.36)	1.435*** (5.05)
似然函数值	−93.886	−93.155	−90.842
卡方	76.335***	80.540***	78.860***
N	2869	2869	2869

注：***代表在1%水平上显著，**代表在5%水平上显著，*代表在10%水平上显著。下同。

表5-4报告了基准回归结果，（1）（2）（3）分别展示了只考虑内部晋升动力、外部压力和同时考虑内部晋升动力与外部压力时的回归结果。从核心解释变量来看，在内部晋升动力方面，当处于政府换届前一年和官员异地交流时，地方政府推出瞪羚企业认定政策的概率较高，这说明政府换届和异地交流显著推动了瞪羚企业认定政策的扩散，这验证了命题1。在外部压力方面，同级压力显著促进了地方瞪羚企业认定政策的扩散，其原因是地方政府为了获取竞争优势或者为了避免竞争劣势，会积极地推出瞪羚企业认定政策；但是上级压力对瞪羚企业认定政策扩散的影响不显著，这一结果与目前国内瞪羚企业认定政策的扩散模式有关，大多数瞪羚企业认定政策是由地级市或高新区政府率先推出的，省级层面推出的认定政策相对滞后，这些结论验证了命题2。从控制变量来看，地区人均GDP越高，地方政府推出认定政策的概率越高，其原因在于地方经济发展水平越高，培育出瞪羚企业的可能性越大，对瞪羚企业认定的需求也越强；地区人口数越多，意味着城市规模越大，则瞪羚企业发展的机会就越多，对瞪羚企业认定的需求也就越大。

二、区域异质性分析

目前我国南北方经济发展差异明显，①②③ 瞪羚企业认定政策的扩散在南北方地区也存在一定的差异。截至目前，我国南方地区共有24个城市推出了瞪羚企业认定政策，而北方地区只有11个城市推出了认

① 许宪春，雷泽坤，窦园园，等.中国南北平衡发展差距研究：基于"中国平衡发展指数"的综合分析 [J].中国工业经济，2021（2）：5-22.
② 盛来运，郑鑫，周平，等.我国经济发展南北差距扩大的原因分析 [J].管理世界，2018（9）：16-24.
③ 杨明洪，黄平.南北差距中的结构效应及空间差异性测度 [J].经济问题探索，2020（5）：1-13.

定政策。① 基于卡普兰-梅尔估计，本书绘制出南北方城市的累积风险率图像（图5-2），亦即南北方城市随时间的变化推出瞪羚企业认定政策的概率。从图5-2可以看出，近年来南方城市瞪羚企业认定政策推出的概率一直高于北方城市推出的概率。

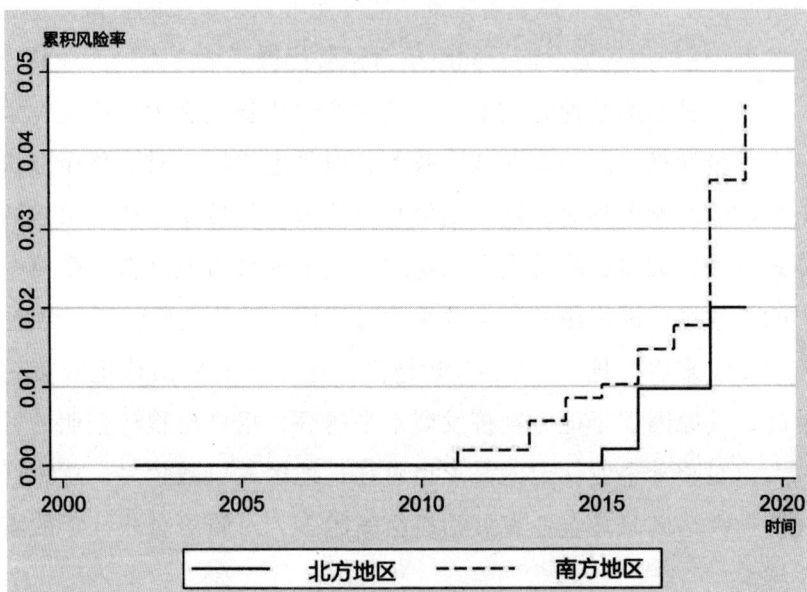

图5-2　南北方城市的累积风险率图

为了进一步研究瞪羚企业认定政策在南北方地区扩散差异的原因，我们对地处南方和地处北方的地级市进行分组回归，并且在基准回归模

---

① 南方地区推出瞪羚企业认定政策的城市有24个，分别是湖北省武汉市、江苏省南通市、浙江省宁波市、广东省广州市、湖南省株洲市、江苏省苏州市、浙江省杭州市、贵州省贵阳市、湖南省长沙市、广东省惠州市、广东省珠海市、广东省佛山市、浙江省台州市、福建省泉州市、江苏省南京市、安徽省合肥市、江苏省无锡市、浙江省嘉兴市、四川成都市、福建省厦门市、上海市、广东省东莞市、江苏省泰州市、重庆市；北方地区推出瞪羚企业认定政策的城市有11个，分别是北京市、陕西省西安市、河南省洛阳市、吉林省长春市、山东省济南市、山东省潍坊市、山东省青岛市、甘肃省兰州市、天津市、山东省烟台市、河北省石家庄市。

型中加入地区虚拟变量与解释变量的交乘项，进一步展开组间差异性检验，分组回归结果和组间差异性检验结果如表5-5所示。

第一，分组回归结果显示，政府换届显著促进了北方地区政府推出瞪羚企业认定政策，对南方地区政府的影响为正但不显著；并且，组间差异性检验显示，北方地区政府换届对认定政策扩散的影响显著大于南方地区政府换届对认定政策扩散的影响。发生这种现象的原因在于，北方地区受儒家思想影响较大，"学而优则仕"的观念根深蒂固。因此，与南方地区相比，北方地区的官本位氛围更浓，北方地区的官员更加重视行政级别，晋升激励的动机更强，因而为了谋求政治晋升，在政府换届时北方地区官员更可能推出瞪羚企业认定政策。

第二，分组回归结果显示，官员异地交流显著促进了南方地区认定政策的扩散，但并未促进北方地区认定政策的扩散。组间差异性检验表明，相对于北方地区而言，南方地区官员异地交流对瞪羚企业认定政策扩散的影响更大。根据前面的理论分析和基准回归检验，异地交流的官员有动机推出瞪羚企业认定政策，但对南北方地区分组检验后发现，官员异地交流对南北方地区认定政策扩散的影响并不相同。本书认为这种异质性影响可能源自于三个方面：一是在南北方地区上级政府对地方瞪羚企业认定政策扩散的影响不同。结合表5-5可知，在南方地区，上级政府先于地方政府推出瞪羚企业认定政策的数量较多，在南方地区异地交流的官员所承受的上级压力更大。二是财政分权水平对南北方地区认定政策扩散的影响不同。从表5-5可以看出，相对于北方地区来说，财政分权水平对南方地区认定政策扩散的正向影响更大。这意味着与北方地区相比，南方地区政府更愿意把财政资金用于支持瞪羚企业，从而更大程度推动了瞪羚企业认定政策的扩散。三是南北方地区的市场化水平对认定政策扩散的影响不同。如表5-5所示，市场化水平对南方地区认定政策扩散的正向影响显著大于对北方地区认定政策扩散的影响。这表明南方地区市场机制更加高效，更有利于潜在的瞪羚企业发展，对瞪羚企业认定政策的需求更加强烈，促使异地交流的官员更愿意推出瞪羚企业认定政策。

第三，同级压力显著促进了南北方地区瞪羚企业认定政策的扩散；并且，组间差异性检验显示，同级压力的影响程度在南北方地区之间的差异不显著。这意味着南北方政府官员在晋升锦标赛的竞争中都非常关注同级政府的表现，为了抢占先发优势或者避免后发劣势，地方官员都希望尽快推出瞪羚企业认定政策。上级压力在一定程度上促进了南方地区瞪羚企业认定政策的扩散，而对北方地区的影响微不足道；并且，组间差异性检验也验证了上级压力对南方地区的影响显著大于对北方地区的影响，这意味着南方省级政府积极推动瞪羚企业认定的做法对其地方政府产生了很好的政策导向效果。

表5-5　南北方地区分组回归及组间差异性检验结果

变量	北方地区	南方地区	基准回归模型的组间差异性检验
circle	2.477 * (1.77)	0.563 (0.45)	4.408 ** (2.13)
trans	−0.941 (−0.52)	0.044 ** (2.16)	−2.327 (−0.33)
Sl	1.378 * (1.71)	0.558 * (1.77)	2.342 ** (2.19)
Ul	ommited	1.051 (0.47)	−7.775 (0.72)
*circle * region*	—	—	−1.976 * (−1.80)
*trans * region*	—	—	0.889 ** (2.61)
*Sl * region*	—	—	−0.877 (−1.02)

变量	北方地区	南方地区	基准回归模型的组间差异性检验
$Ul * region$	—	—	19.215*** (8.26)
$GDP * region$	—	—	0.578 (1.54)
$finance * region$	—	—	0.389** (2.12)
$market * region$	—	—	0.413** (2.05)
$citytype * region$	—	—	0.622 (0.77)
$tech * region$	—	—	0.684 (1.12)
$popu * region$	—	—	-0.367 (-0.41)
控制变量	是	是	是
似然函数值	-23.526	-62.235	-87.511
卡方	73.24***	71.98***	611.14***
N	1213	1656	2869

三、稳健性检验

（一）模型替换法

本部分将基准计量模型替换为 Cox 模型重新进行实证检验，结果见表5-6。可以看出，在只考虑内部晋升动力、外部压力、同时考虑内部晋升动力和外部压力三种情况下，回归结果均与基准回归结果基本一致，这表明基准回归结果依然稳健。

表 5-6 稳健性检验结果

变量	模型（1）	模型（2）	模型（3）
circle	2.957**	—	77.892**
	(2.14)		(2.38)
trans	0.808*	—	0.742*
	(1.79)		(1.71)
Sl	—	0.547*	0.004***
		(1.89)	(-2.16)
Ul	—	0.208	0.437
		(-0.89)	(-0.55)
GDP	2.845***	2.892***	2.765***
	(4.59)	(4.87)	(4.73)
finance	1.286	1.094	1.446*
	(1.13)	(0.44)	(1.88)
market	0.730	1.271	1.169
	(-0.18)	(0.14)	(0.09)
region	1.256	1.136	1.235
	(0.40)	(0.20)	(0.36)
citytype	1.876	1.895*	1.587
	(1.55)	(1.87)	(1.21)
tech	2.391***	2.584***	1.899**
	(3.97)	(3.61)	(2.50)
popu	6.905***	6.355***	6.609***
	(4.86)	(4.97)	(4.52)
似然函数值	-113.325	-114.109	-107.732
卡方	104.10***	102.95***	121.99***
N	2869	2869	2869

（二）子样本回归法

基准回归中的样本既包含了副省级城市、正厅级省会城市，也包含了正厅级非省会地级市。与正厅级非省会地级市相比，副省级城市和正厅级省会城市通常更容易集聚资源，更有利于瞪羚企业的孕育和发展，进而提高政府推出瞪羚企业认定政策的可能性。因此，这一部分在样本中去掉副省级城市和正厅级省会城市样本，使用正厅级非省会地级市样本数据进行子样本回归。回归结果如表5-7所示，与基准回归结果基本一致，这表明基准回归结果比较稳健。

表5-7 子样本回归结果

变量	模型（4）	模型（5）	模型（6）
circle	1.474** (2.24)	—	1.431** (2.17)
trans	0.302* (1.79)	—	0.266* (1.82)
Sl	—	0.409** (2.55)	0.296** (2.22)
Ul	—	−0.359 (−0.22)	0.179 (−0.09)
控制变量	是	是	是
似然函数值	−58.645	−60.636	−58.485
卡方	75.021***	66.794***	82.151***
N	2238	2238	2238

（三）工具变量法

考虑到城市的学习效应与城市所面临的同级压力之间可能存在相关性，这可能会导致回归分析存在内生性问题。我们采用全国瞪羚企业数量作为同级压力的工具变量进行两阶段回归。

一方面，全国瞪羚企业数量能在一定程度上反映瞪羚企业认定政策的扩散程度，会对尚未推出瞪羚企业认定政策的地市产生外部压力，所以选用全国瞪羚企业数量作为工具变量能够满足相关性假设；另一方面，由于是否申请成为瞪羚企业是企业基于自身状况自主决策的结果，所以全国瞪羚企业的数量能够满足对地方政府面临同级压力的外生性假设。回归结果如表5-8所示，与基准回归结果基本一致，这表明基准回归结果仍然稳健。

表5-8　工具变量回归结果

变　量	模型（7）
circle	0.519**
	（2.33）
trans	0.071*
	（1.84）
Sl	0.273*
	（1.67）
Ul	0.186
	（0.30）
控制变量	是
似然函数值	−848.904
卡方	82.15***
N	2869

第三节　本章小结

瞪羚企业增长很快、创新活跃，是带动经济增长的重要力量。在全国各地非常重视瞪羚企业培育的大背景下，研究瞪羚企业认定政策扩散的原因，具有非常重要的理论价值与现实意义。本章使用2011—2020年地级市数据和事件史分析方法，从地方政府视角出发，以政府换届和官员异地交流衡量内部晋升动力，以同级压力和上级压力衡量外部压力，实证检验了瞪羚企业认定政策扩散的原因。研究发现：（1）政府换届和官员异地交流产生的内部晋升动力显著促进了瞪羚企业认定政策扩散；（2）同级压力对瞪羚企业认定政策的扩散具有显著的促进作用，上级压力对瞪羚企业认定政策扩散的影响不显著；（3）影响南北方地区瞪羚企业认定政策扩散的原因不同，政府换届显著促进了北方地区瞪羚企业认定政策的扩散，但对南方地区的影响不显著；官员异地交流显著促进了南方地区瞪羚企业认定政策的扩散，但对北方地区的影响不显著；与南方地区相比，同级压力对北方地区瞪羚企业认定政策扩散的影响更大。

第六章

瞪羚企业认定政策对企业影响的实证分析

本章研究瞪羚企业认定政策对企业的影响，主要从企业迎合行为、企业创新质量和企业绩效三个方面展开。

第一节　瞪羚企业认定政策对企业迎合行为的影响

一、研究设计

（一）样本选择与数据来源

本书把瞪羚企业认定看作一项准自然实验，处理组为瞪羚企业，对照组为未被认定的其他企业，检验瞪羚企业认定是否导致企业进行寻租和盈余操纵。由于瞪羚企业体量较小，通常选择在新三板上市，因此本书研究对象为新三板企业。为了保证与前后章节研究的统一性，本节样本期间为 2011—2020 年，剔除 ST、ST＊企业后，共 18176 个样本。本文实证研究中涉及的新三板企业财务数据来自 CCER 经济金融数据库，瞪羚企业的评定信息手工采集自中国瞪羚网（http：//www. chinagazelle. cn/）。

（二）模型选择与变量定义

由于企业被认定为瞪羚企业的时间不同，传统 DID 方法不再适用于本书研究的问题。这里借鉴托尔斯腾·贝克（Thorsten Beck）等①的研究，采用渐进 DID 模型对瞪羚企业认定的处理效应进行估计，模型如下：

$$e_1 = \beta_0 + \beta_1 \cdot treat_{i,\ t} + \beta_2 \cdot asset + \beta_3 \cdot rdebt + \beta_4 \cdot acf + \beta_5 \cdot rincome$$
$$+ \beta_6 \cdot roa + \beta_7 \cdot LnL + \beta_8 \cdot passet + \varepsilon_{i,\ t} \qquad (6-1)$$

$$e_2 = \beta_0 + \beta_1 \cdot treat_{i,\ t} + \beta_2 \cdot asset + \beta_3 \cdot rdebt + \beta_4 \cdot acf + \beta_5 \cdot rincome$$
$$+ \beta_6 \cdot roa + \beta_7 \cdot LnL + \beta_8 \cdot passet + \varepsilon_{i,\ t} \qquad (6-2)$$

变量定义情况如下：

1. 被解释变量

本书选取企业寻租活动程度和企业盈余管理程度作为被解释变量。其中，企业寻租活动程度用企业超额管理费用衡量，企业盈余管理程度用企业实际盈余与应计盈余项目的差额衡量。

企业寻租。通常来说，企业寻租活动较为隐蔽，衡量企业寻租的数据难以直接获取。已有文献常采用企业招待费与差旅费支出②衡量企业寻租行为，但这种衡量方法可能存在一定的误差：一是因为企业的招待费与差旅费支出中包含企业维护正常关系的必要支出，若直接用来衡量企业寻租活动，可能造成结果出现较大出入；二是党的十八大反腐政策实施后，有研究发现企业管理费用下的二级指标招待费数额出现明显下降，而管理费用总额却并未下降，甚至有所上升，③ 这意味着企业可能

---

① BECK T, ROSS L, ALEXEY L. Big Bad Banks? The Winners and Losers from Bank Deregulation in the United States [J]. *Journal of Finance*, 2010, 65 (5)：1637-1667.

② 黄玖立，李坤望. 吃喝、腐败与企业订单 [J]. 经济研究, 2013 (6)：71-84.

③ 陈骏，徐捍军. 企业寻租如何影响盈余管理 [J]. 中国工业经济, 2019 (12)：171-188.

为了规避监管而人为调整寻租费用的会计科目归类。① 本书借鉴陈骏和徐捍军②的方法，分年度分行业回归测算企业超额管理费用 e_1，用于衡量企业寻租活动程度。具体测算模型如下：

$$mgt\,exp_{i,\,t} = \beta_0 + \beta_1 \cdot Lnincome_{i,\,t} + \beta_2 \cdot rdebt_{i,\,t} + \beta_3 \cdot rincome_{i,\,t}$$
$$+ \beta_4 \cdot board_{i,\,t} + \beta_5 \cdot LnL_{i,\,t} + \beta_6 \cdot audit_{i,\,t}$$
$$+ \beta_7 \cdot years_{i,\,t} + \beta_8 \cdot GrossM_{i,\,t} + \beta_9 \cdot BoardH5_{i,\,t} + \varepsilon_{i,\,t}$$

$$(6-3)$$

其中，式（6-3）中的 $mgtexp$ 为管理费用与同期营业收入之比，$Lnincome$ 为营业收入的自然对数，$rdebt$ 为资产负债率，$rincome$ 为营业收入增长率，$board$ 为公司董事会人数，LnL 为员工人数的自然对数，$audit$ 代表会计师事务所（若为四大会计师事务所则取 1，反之则取 0），$years$ 为公司上市年限，$GrossM$ 为毛利率，$BoardH5$ 为公司前五大股东的赫芬达尔指数。式（6-3）回归的残差项为公司超额管理费用，记作 e_1，用来衡量企业寻租活动程度。考虑到瞪羚企业评定每年进行一次，企业为此进行的寻租应该是短期行为，因此企业寻租活动用瞪羚企业评定当年的寻租数据来测度。

企业盈余管理。应计项目是企业盈利的组成部分之一，其规模与企业经营现金流状况、营业收入、净利润、应收账款等指标相关，通常应维持在合理水平上，但经理人有时会通过操控应计项目来调整企业财务报表。财务学上通常利用可操纵的应计项目衡量企业盈余管理规模的指标。Jones 模型是目前识别企业盈余管理最有效的方法。因此，本书基于修正 Jones 模型分年度分行业回归测算企业的盈余操纵。测算模型如下：

① 叶康涛，臧文娇. 外部监督与企业费用归类操纵［J］. 管理世界，2016（1）：122-138.

② 陈骏，徐捍军. 企业寻租如何影响盈余管理［J］. 中国工业经济，2019（12）：171-188.

$$\frac{TA_{i,\,t}}{Asset_{i,\,t-1}} = \beta_0 + \beta_1 \cdot \frac{1}{Asset_{i,\,t-1}} + \beta_2 \cdot \frac{\Delta Sale_{i,\,t} - \Delta REC_{i,\,t}}{Asset_{i,\,t-1}}$$

$$+ \beta_3 \cdot \frac{PPE_{i,\,t}}{Asset_{i,\,t-1}} + \varepsilon_{i,\,t} \qquad (6\text{-}4)$$

其中，式（6-4）中的 $TA_{i,\,t}$ 为应计利润，等于第 t 年净利润减去第 t 年经营现金流量；$Asset_{i,\,t-1}$ 表示第 t-1 年总资产；$\Delta Sale_{i,\,t}$ 为第 t 年主营业务收入与第 t-1 年主营业务收入之差；$\Delta REC_{i,\,t}$ 为第 t 年应收账款净额与第 t-1 年应收账款净额之差；$PPE_{i,\,t}$ 为第 t 年固定资产净额。式（6-4）回归的残差项为公司盈余操纵程度，记作 e_2。当 $e_2>0$ 时，表明公司进行正向盈余操纵；当 $e_2<0$ 时，表明公司进行负向盈余操纵。考虑到为了参与瞪羚企业评定，企业可能会为此调整前一年的财务报表，以获取参评资格，因此本节将瞪羚企业评定前一年的盈余操纵作为被解释变量进行回归。

2. 解释变量

核心解释变量。本书研究的问题是瞪羚企业认定对企业迎合行为的影响，所以核心解释变量 $treat_{i,\,t}$ 为企业是否被认定为瞪羚企业，若企业被认定为瞪羚企业，$treat_{i,\,t}$ = 1；若企业未被认定为瞪羚企业，$treat_{i,\,t}$ = 0。

控制变量。基于申宇等[1]的研究，本节选取可能影响企业寻租和盈余操纵的因素作为控制变量，包括企业规模、资产负债率、全要素生产率、成长能力、盈利能力、资产结构、员工数量。所有变量含义见表6-1，变量描述性统计结果见表6-2。

---

[1] 申宇，傅立立，赵静梅. 市委书记更替对企业寻租影响的实证研究 [J]. 中国工业经济，2015（9）：37-52.

表 6-1 变量名、变量符号及含义

变量名			变量符号	含 义
被解释变量	企业迎合行为	寻租	e_1	企业超额管理费用
		盈余管理	e_2	企业盈余操纵
核心解释变量	企业是否被认定为瞪羚企业		$treat_{i,t}$	若企业被认定为瞪羚企业，$treat_{i,t}=1$；若企业未被认定为瞪羚企业，$treat_{i,t}=0$
控制变量	企业规模		$asset$	期末总资产
	资产负债率		$rdebt$	资产负债率
	全要素生产率		acf	用 ACF 方法计算的全要素生产率
	成长能力		$rincome$	营业收入增长率
	盈利能力		roa	资产收益率
	资产结构		$passet$	固定资产净额/总资产
	员工数量		LnL	企业员工总数对数

表 6-2 变量描述性统计

变量名	符号	样本数	均值	标准差	最小值	最大值
寻租	e_1	9，968	0.370	7.975	−20.712	448.291
企业盈余操纵	e_2	9，607	−0.089	0.965	−71.485	21.287
企业是否被认定为瞪羚企业	$treat$	18，176	0.159	0.344	0	1
企业规模	$asset$	18，176	2.41e+08	2.09e+09	1212218	2.07e+11
资产负债率	$rdebt$	18，176	0.348	0.217	0	10.127
全要素生产率	acf	18，176	11.917	0.984	−14.703	17.299
成长能力	$rincome$	18，176	2.072	160.353	−1.201	18524.680
盈利能力	roa	18，176	0.022	0.146	−1.011	7.939

变量名	符号	样本数	均值	标准差	最小值	最大值
资产结构	*passet*	18，176	0.156	0.175	0	0.951
员工数量	*LnL*	18，176	4.827	0.995	1.386	9.365

二、实证结果与分析

（一）基准回归结果

为了避免样本选择问题带来的干扰，本部分参考何靖[1]的做法，采用核匹配法对样本进行 PSM 匹配。由于每个企业被瞪羚政策认定的时间不同，本章基于匹配样本进行渐进双重差分回归检验。回归结果见表 6-3，瞪羚企业认定会导致企业进行寻租和正向盈余操纵，且都在 1% 的水平上显著。这一结果说明为假说 4-1 提供了有力的支持证据。

表 6-3 基准回归结果

	（1）e_1	（2）e_2
treat	1.416511**	0.2341384***
	(2.38)	(4.81)
控制变量	是	是
固定效应	是	是
N	9，968	9，607

（二）异质性检验

1. 行业异质性

为了从行业层面研究瞪羚企业认定政策对企业迎合行为的异质性影响，本书按照新三板企业所属行业不同进行分组研究。新三板企业的具

---

[1] 何靖. 延付高管薪酬对银行风险承担的政策效应：基于银行盈余管理动机视角的 PSM-DID 分析 [J]. 中国工业经济，2016（11）：126-136.

体行业分布情况如表 6-4 所示。①

表 6-4　新三板企业的行业分布情况

行业代码	企业个数	行业代码	企业个数	行业代码	企业个数
A	462	G	310	M	1108
B	128	H	56	N	495
C	12318	I	5571	O	128
D	166	J	282	P	146
E	721	K	118	Q	96
F	834	L	988	R	501

　　由于分组回归的全部结果较多，所以在表 6-5 只汇报了被解释变量为寻租时结果显著的行业。可以看出，瞪羚企业认定会显著增加信息传输、软件和信息技术服务业企业，租赁和商务服务业，水利、环境和公共设施管理业，居民服务、修理和其他服务业，教育业企业的寻租行为。表 6-6 汇报了被解释变量为企业盈余操纵时结果显著的行业。可以看出，瞪羚企业认定会显著增加农、林、牧、渔业，制造业，信息传输、软件和信息技术服务业企业，科学研究和技术服务业，居民服务、修理和其他服务业企业的正向盈余操纵，会导致批发和零售业企业进行负向盈余操纵。这反映了上述行业企业对瞪羚企业认定政策较为敏感，与当前创新驱动发展战略指导下的科教兴国、智能制造、新零售等快速发展的现状密切相关。

---

① 根据国民经济行业分类与代码（GB/T 4754-2017）对国民经济行业的分类：A 农、林、牧、渔业；B 采矿业；C 制造业；D 电力、热力、燃气及水生产和供应业；E 建筑业；F 批发和零售业；G 交通运输、仓储和邮政业；H 住宿和餐饮业；I 信息传输、软件和信息技术服务业；J 金融业；K 房地产业；L 租赁和商务服务业；M 科学研究和技术服务业；N 水利、环境和公共设施管理业；O 居民服务、修理和其他服务业；P 教育；Q 卫生和社会工作；R 文化、体育和娱乐业。

表6-5 被解释变量为企业寻租的分行业回归结果

行　业	信息传输、软件和信息技术服务业	租赁和商务服务业	水利、环境和公共设施管理业	居民服务、修理和其他服务业
Treat	2.298*** (3.81)	0.511* (1.87)	0.697* (−1.89)	−0.382*** (−4.36)
控制变量	是	是	是	是
固定效应	是	是	是	是
N	1772	276	139	41

表6-6 被解释变量为企业盈余操纵的分行业回归结果

行　业	农、林、牧、渔业	制造业	信息传输、软件和信息技术服务业	科学研究和技术服务业	居民服务、修理和其他服务业
treat	0.018* (2.03)	0.043*** (4.65)	0.221*** (2.78)	0.036*** (3.98)	0.015** (2.82)
控制变量	是	是	是	是	是
固定效应	是	是	是	是	是
N	201	3916	1772	442	41

2. 区域异质性

由于我国东、中、西部地区经济基础不同、发展情况各异，瞪羚企业认定对企业迎合行为的影响也可能存在差异。为了从地区层面研究瞪羚企业认定对企业迎合行为的异质性影响，我们按照企业所处地区进行分组回归，被解释变量为企业寻租和盈余操纵的分组回归结果分别如表6-7、表6-8所示。从企业寻租看，瞪羚企业认定会显著增加东部地区企业的寻租、减少中部地区企业的寻租，原因是相对而言，东部地区经济发展较快，地方政府能够为瞪羚企业提供更丰富的发展资源和更高的发展平台，对企业寻租的激励较强；而中部地区瞪羚企业享受的扶持措施吸引力有限，相比于进行寻租，企业更倾向将资金投入到生产经营。从企业盈余操纵看，东部、中部、西部地区企业都会在瞪羚企业认定的影响下进行正向盈余操纵，且西部地区企业的正向盈余操纵幅度最大，高于中部地区和东部地区企业，原因是相比于中部和东部地区，西部地区经济发展较慢，企业经营基础薄弱、绩效增长不突出，为了获得瞪羚企业认定，需要进行更大幅度的正向盈余操纵。

表6-7　被解释变量为企业寻租的分地区回归结果

	东部地区	中部地区	西部地区
treat	1.812** (2.61)	-0.027*** (-2.94)	0.016 (0.18)
控制变量	是	是	是
固定效应	是	是	是
N	6561	2049	1358

表6-8　被解释变量为企业盈余操纵的分地区回归结果

	东部地区	中部地区	西部地区
treat	0.014*** (6.41)	0.019*** (7.11)	0.076** (2.34)
控制变量	是	是	是
固定效应	是	是	是
N	6413	1996	1198

（三）财政分权与市场化水平的调节效应分析

在我国，地方政府是瞪羚企业认定政策制定和认定工作开展的主体。随着国内分权体制改革不断深入，地方政府在财政支配上拥有越来越多的自主权，瞪羚企业扶持措施也因此具备更多的自主性，这为企业采取迎合行为提供了更多的激励。基于此，为了研究财政分权如何调节瞪羚企业认定对企业迎合行为的影响，本书按照地区财政分权程度的中位数将各省、市、自治区划分为财政分权程度较高的地区和财政分权程度较低的地区。其中，财政分权＝地方政府本级人均预算财政支出/（地方政府本级人均预算财政支出＋中央政府人均预算财政支出）。表6-9结果显示，财政分权程度越高，瞪羚企业认定越会导致企业进行更多的寻租，原因是在国内瞪羚企业带头作用日益彰显的背景下，财政支出自主权较高的地方政府有能力针对瞪羚企业推出更丰富的扶持措施，激励企业通过增加寻租来争取获得瞪羚企业认定。

表6-9　被解释变量为企业寻租的分组回归结果

	财政分权程度较低的地区	财政分权程度较高的地区
treat	0.155*** (−3.88)	3.42* (1.96)
控制变量	是	是
固定效应	是	是
N	3657	6311

表6-10结果显示，财政分权程度较高地区的企业正向盈余操纵的幅度较低，原因在于地方政府对本地区经济发展的了解更充分，较高的财政支出自主权可以使政府更有效地配置财政支出，增加生产性服务的供给，有助于提高企业边际生产率，提升企业业绩表现，进而不需要过多进行正向盈余操纵。

表6-10　被解释变量为企业盈余操纵的分组回归结果

	财政分权程度较低的地区	财政分权程度较高的地区
treat	0.019*** (4.31)	0.013*** (3.94)
控制变量	是	是

	财政分权程度较低的地区	财政分权程度较高的地区
固定效应	是	是
N	3909	5698

市场化水平是影响区域经济发展的重要因素。一般来说，一个地区市场化水平越高，资源配置效率越高，企业生产经营越活跃，社会对瞪羚企业认定的重视程度可能越高。因此，在市场化水平不同的地区，瞪羚企业认定对企业迎合行为的影响也应有所差异。为了从区域层面研究瞪羚企业认定对企业迎合行为的异质性影响，本书根据《中国分省份市场化指数报告（2018）》提供的2011—2016年的省级层面数据，按照市场化指数的中位数将各省、市、自治区划分为市场化水平较高的地区和市场化水平较低的地区。表6-11结果显示，在市场化水平较高的地区，瞪羚企业认定对企业寻租有显著正向影响，原因在于市场化水平越高，要素市场和产品市场越完善，地方政府推出的瞪羚企业扶持措施对企业的吸引力越强，越可能使企业进行更多寻租以争取瞪羚企业认定。表6-12结果显示，市场化水平较高地区的瞪羚企业认定正向盈余操纵的幅度较小，原因在于市场化水平越高，资源配置效率越高，市场的自我协调能力与组织能力得以发挥，有利于降低企业经营成本、提升经营绩效，进而不需要过多进行正向盈余操纵。

表6-11　被解释变量为企业寻租的分行业回归结果

	低市场化地区	高市场化地区
treat	0.037 （0.18）	1.69*** （2.62）
控制变量	是	是
固定效应	是	是

续　表

	低市场化地区	高市场化地区
N	2961	7007

表 6-12　被解释变量为企业盈余操纵的分行业回归结果

	低市场化地区	高市场化地区
treat	0.007* （2.08）	0.013*** （5.54）
控制变量	是	是
固定效应	是	是
N	1736	7871

（四）稳健性检验

1. Heckman 两步法

瞪羚企业评定是在企业自主申请的基础上完成的，企业是否被评为瞪羚企业这一处理可能不是外生的，会受到企业自身因素的影响。因此，模型中可能存在由于样本选择性偏误和互为因果导致的内生性问题：一是寻租较多的企业与政府间关系更密切，可能更倾向于申请参与瞪羚企业评定；二是寻租较多的企业通常能获得更多资源，其经营状况更好，被评为瞪羚企业的可能性更高。为了解决这一内生性问题，本部分采用 Heckman 两步法进行回归。结果发现瞪羚企业评定对企业寻租具有显著的正向促进作用，说明基准回归结果稳健。

表 6-13　Heckman 两步法回归结果

	变　量	e_1	e_2
Main	*treat*	0.613** （1.97）	0.039*** （7.64）

	变 量	e_1	e_2
Select	asset	−1.13e−11 (−0.55)	−1.02e−11 (−0.65)
	rdebt	0.284*** (3.67)	0.279*** (3.44)
	acf	−0.089*** (−5.72)	−0.093 (−5.21)
	rincome	−0.001 (−0.66)	−0.001 (−0.85)
	roa	−0.459*** (−3.51)	−0.451*** (−3.43)
	passet	1.396*** (12.09)	1.379*** (12.24)
	LnL	0.011 (0.38)	0.012 (0.64)
	N	9968	9607

2. 更换 PSM 匹配方法

这一部分将核匹配法换为半径匹配法，重新对样本进行 PSM 匹配，并在此基础上重新进行渐进双重差分回归检验。稳健性检验结果表明，被评为瞪羚企业对企业寻租仍然有正向促进作用，且在 1%的水平上显著，这说明基准回归结果稳健。

表 6-14 更换 PSM 匹配方法的回归结果

变 量	e_1	e_2
treat	1.348*** (4.22)	0.929*** (3.59)

续　表

变　量	e_1	e_2
控制变量	是	是
固定效应	是	是
N	9968	9607

3. 安慰剂检验

借鉴范子英和田彬彬[1]、李贲和吴利华[2]的方法，本书通过改变政策实施时间来进行安慰剂检验。假设瞪羚企业评定的时间分别提前 2 年和 3 年，若处理效应依旧显著，则说明企业迎合行为的变化可能来自其他随机因素的影响。回归结果发现，假设的瞪羚企业认定对企业寻租和盈余操纵的影响均不显著，这说明基准回归结果稳健。

表 6-15　被解释变量为企业寻租的安慰剂检验结果

	提前 2 年	提前 3 年
treat	2.913	1.277
	(0.65)	(−1.21)
控制变量	是	是
固定效应	是	是
N	9968	9968

表 6-16　被解释变量为企业盈余操纵的安慰剂检验结果

	提前 2 年	提前 3 年
treat	0.158	0.003
	(1.11)	(0.57)

---

① 范子英，田彬彬. 税收竞争、税收执法与企业避税 [J]. 经济研究，2013 (9)：99-111.

② 李贲，吴利华. 开发区设立与企业成长：异质性与机制研究 [J]. 中国工业经济，2018 (4)：79-97.

	提前 2 年	提前 3 年
控制变量	是	是
固定效应	是	是
N	9607	9607

第二节　瞪羚企业认定政策对企业创新质量的影响

一、研究设计

（一）创新质量指标构建

研究表明，以专利申请衡量的创新行为有时只是迎合政策和监管的策略性行为，①②③ 并非高质量的实质性创新。因此，仅从专利数量的角度评估企业创新行为存在弊端，关于专利质量的测度得到越来越多学者的重视。许博炫等使用专利引用次数来表示专利质量，④ 乌福克·艾克斯吉特（Ufuk Akcigit）等用专利宽度法测算专利质量，⑤ 张杰和郑文

---

① DOSI G, MARENGO L, PASQUALI C. How Much Should Society Fuel the Greed of Innovators? On the Relations between Appropriability, Opportunities and Rates of Innovation [J]. *Research Policy*, 2006, 35 (8): 1110-1121.

② HALL B H, HARHOFF D. Recent Research on the Economics of Patents [J]. *Annual Review of Economics*, 2012, 4 (1): 541-565.

③ 黎文靖, 郑曼妮. 实质性创新还是策略性创新？——宏观产业政策对微观企业创新的影响 [J]. 经济研究, 2016 (4): 60-73.

④ HSU P H, TIAN X, XU Y. Financial Development and Innovation: Cross-country Evidence [J]. *Journal of Financial Economics*, 2014, 112 (1): 116-135.

⑤ AKCIGIT U, BASLANDZE S, STANTCHEVA S. Taxation and the International Mobility of Inventors [J]. *American Economic Review*, 2016, 106 (10): 2930-2981.

平对专利宽度法进行改进，基于专利所含知识的复杂性信息，采用知识宽度法对专利质量进行量化测算。[①] 借鉴张杰和郑文平的方法，本节利用专利分类号信息对专利质量进行测算，用企业专利质量衡量企业创新质量。具体而言，对于发明专利和实用新型专利来说，IPC 专利分类号信息包括该专利所处的部、大类、小类、大组、小组。以专利号"A03B02/20"为例，其中 A 代表部、03 代表大类、B 代表小类、02 代表大组、20 代表小组。参考张杰和郑文平的思路，本节用产业集中度的测算逻辑对大组层面的专利复杂度进行加权，即 $cpatent = 1 - \alpha^2$。其中，α 为专利号分类中各大组分类所占比重。可以看出，$cpatent$ 越大，大组层面的专利分类号的差异越大，即专利的知识宽度越大，专利越复杂、专利质量越高。为了获取企业层面的数据，本节采用平均值的汇总方式，将每个专利的复杂度按照企业—年份进行汇总，以确定企业层面的专利复杂度。

（二）样本选择与数据来源

为了研究检验瞪羚企业认定对企业创新质量的影响，本书把瞪羚企业认定看作一项准自然实验，其中处理组为被认定的瞪羚企业，对照组为未获得认定的其他企业。由于瞪羚企业体量较小，通常选择在新三板上市，所以本节研究对象为新三板企业。由于目前企业年度专利数据统计至 2020 年年底，而瞪羚企业认定名单通常在下半年公布，很难对企业当年的专利情况产生明显影响，需要选用滞后一期的专利指标进行研究，因此本节的被解释变量选取 2011—2020 年数据，解释变量和控制变量选择 2010—2019 年数据。由于新三板企业数据库存在一定程度的数据缺失问题，在剔除 ST、ST＊企业后，获得研究样本共 2966 个。本节实证研究中涉及的新三板企业财务数据、专利数据来自 CCER 经济金

---

① 张杰，郑文平. 创新追赶战略抑制了中国专利质量么？[J]. 经济研究，2018（5）：28-41.

融数据库，瞪羚企业的评定信息手工采集自中国瞪羚网（http：//www. chinagazelle. cn/）。

（三）模型选择与变量定义

由于企业被认定为瞪羚企业的时间不同，所以传统 DID 方法不再适用。借鉴托尔斯腾·贝克等[1]的研究，本节采用渐进 DID 模型对瞪羚企业认定的处理效应进行估计，模型如下：

$$cpatent = \beta_0 + \beta_1 \cdot treat_{i,t} + \beta_2 \cdot asset + \beta_3 \cdot rdebt + \beta_4 \cdot acf$$
$$+ \beta_5 \cdot rincome + \beta_6 \cdot roa + \beta_7 \cdot passet + \varepsilon_{i,t} \qquad (6-5)$$

式（6-5）中 cpatent 中是被解释变量，代表专利质量。$treat_{i,t}$ 为核心解释变量，代表"企业是否被认定为瞪羚企业"，若企业被认定为瞪羚企业，$treat_{i,t}=1$；若企业未被认定为瞪羚企业，$treat_{i,t}=0$。

控制变量包括企业规模（asset）、资产负债率（rdebt）、全要素生产率（acf）、成长能力（rincome）、盈利能力（roa）、资产结构（passet）。其中，全要素生产率根据钱雪松等的研究，使用 ACF 方法计算求得。具体变量名、变量符号及其含义见表 6-17，变量描述性统计结果见表 6-18。

表 6-17　变量名、变量符号及含义

	变量名	变量符号	含　义
被解释变量	专利质量	cpatent	根据专利分类号信息计算的企业专利复杂度
核心解释变量	企业是否被认定为瞪羚企业	treat	若企业被认定为瞪羚企业，treat=1；若企业未被认定为瞪羚企业，treat=0

---

[1]　BECK T, ROSS L, ALEXEY L. Big Bad Banks? The Winners and Losers from Bank Deregulation in the United States [J]. *Journal of Finance*, 2010, 65（5）：1637-1667.

	变量名	变量符号	含 义
控制变量	企业规模	*asset*	期末总资产
	资产负债率	*rdebt*	资产负债率
	全要素生产率	*acf*	用 ACF 方法计算的全要素生产率
	成长能力	*rincome*	营业收入增长率
	盈利能力	*roa*	资产收益率
	资产结构	*passet*	固定资产净额/总资产

表 6-18　各变量描述性统计结果

变量名	符号	样本数	均值	标准差	最小值	最大值
专利质量	*cpatent*	2966	0.067	0.118	0	0.667
企业是否被认定为瞪羚企业	*treat*	2966	0.153	0.365	0	1
企业规模	*asset*	2966	2.83e+08	2.21e+09	1212218	2.07e+11
资产负债率	*rdebt*	2966	0.391	0.266	0	10.127
全要素生产率	*acf*	2966	12.649	0.947	-14.03	18.029
成长能力	*rincome*	2966	2.079	165.339	-1.201	18524.680
盈利能力	*roa*	2966	0.029	0.141	-1.011	7.939
资产结构	*passet*	2966	0.153	0.156	0	0.951

二、实证结果与分析

（一）基准回归结果

由于企业是否被评为瞪羚企业并不是随机的，所以这里参考何靖[①]的做法，采用核匹配法对样本进行 PSM 匹配以控制内生性，再基于匹

---

① 何靖.延付高管薪酬对银行风险承担的政策效应：基于银行盈余管理动机视角的 PSM-DID 分析 [J]. 中国工业经济, 2016 (11)：126-136.

配样本进行渐进双重差分回归检验。基准回归结果如表 6-19 所示，其中（1）和（2）分别代表加入控制变量前后的回归，结果均表明瞪羚企业认定对企业专利质量有正向促进作用，且在 1% 的水平上显著。这为假设 4-2 提供了有力的支持证据。

表 6-19　基准回归结果

	(1)	(2)
treat	0.093*** (3.38)	0.082*** (2.86)
控制变量	否	是
固定效应	是	是
N	2966	2966

（二）作用机制分析

根据第二部分的理论分析，与其他企业相比，瞪羚企业在获取人力资本、提升资金配置效率和盈利能力方面更具有优势，有利于企业提高创新质量。因此，这一部分引入人力资本（*Human*）、企业资金配置效率（*allocation*）和企业盈利能力（*Roa*）来构建中介效应模型，考察其中可能存在的作用机制，对假设 4-7 进行验证。具体步骤是先将被解释变量（企业专利质量）对解释变量（企业是否评为瞪羚企业）进行回归，再将中介变量（企业盈利能力、人力资本、资金配置效率）分别对解释变量进行回归，最后将被解释变量同时对中介变量和解释变量进行回归。具体模型如下：

检验"企业盈利能力"渠道：

$$roa_{i,t} = \beta_0 + \beta_1 \cdot treat_{i,t} + \beta_2 \cdot X_{it} + \varepsilon_{i,t} \tag{6-6}$$

$$cpatent = \beta_0 + \beta_1 \cdot treat_{i,t} + \beta_2 \cdot Roa_{i,t} + \beta_3 \cdot X_{it} + \varepsilon_{i,t} \tag{6-7}$$

检验"人力资本"渠道：

$$human_{i,t} = \beta_0 + \beta_1 \cdot treat_{i,t} + \beta_2 \cdot X_{it} + \varepsilon_{i,t} \qquad (6\text{-}8)$$

$$cpatent = \beta_0 + \beta_1 \cdot treat_{i,t} + \beta_2 \cdot Human_{i,t} + \beta_3 \cdot X_{it} + \varepsilon_{i,t} \quad (6\text{-}9)$$

检验"资金配置效率"渠道：

$$allocation_{i,t} = \beta_0 + \beta_1 \cdot treat_{i,t} + \beta_2 \cdot X_{it} + \varepsilon_{i,t} \qquad (6\text{-}10)$$

$$cpatent = \beta_0 + \beta_1 \cdot treat_{i,t} + \beta_2 \cdot allocation_{i,t} + \beta_3 \cdot X_{it} + \varepsilon_{i,t}$$
$$(6\text{-}11)$$

其中，roa 指企业盈利能力，$human$ 指企业人力资本，$allocation$ 指企业资金配置效率，$X_{i,t}$ 为其他控制变量。关于企业盈利能力，这一部分借鉴张杰和郑文平等的研究①，用企业资产收益率衡量。关于企业人力资本，借鉴傅晓霞和吴利学②、徐盈之和赵豫③的研究，用平均受教育年限来测度，即式（6-8）和（6-9）中 $human$ 用企业员工平均受教育年限的对数值衡量企业人力资本。关于企业资金配置效率，我们先由式（6-12）计算企业实际投资水平，其中 $Itotal_{i,t}$ 为企业总投资支出，等于企业购建固定资产、无形资产和其他长期资产所支付的现金+取得子公司及其他营业单位支付的现金净额-处置固定资产、无形资产和其他长期资产收回的现金净额-处置子公司及其他营业单位收到的现金净额；$Im_{i,t}$ 为企业维持性投资支出，等于固定资产折旧+无形资产摊销+长期待摊费用摊销；$Inew_{i,t}$ 为前两项的差值，代表企业实际投资支出。再根据式（6-13）估算企业正常投资水平，得到的残差项代表企业投资过度（残差大于0）或投资不足（残差小于0），残差取绝对值代表企业投资非效率，值越大意味着企业资金配置效率越低。其中，$Inew_{i,t}$

① 张杰，郑文平. 创新追赶战略抑制了中国专利质量么？[J]. 经济研究，2018（5）：28-41.

② 傅晓霞，吴利学. 技术效率、资本深化与地区差异：基于随机前沿模型的中国地区收敛分析 [J]. 经济研究，2006（10）：52-61.

③ 徐盈之，赵豫. 中国信息制造业全要素生产率变动、区域差异与影响因素研究 [J]. 中国工业经济，2007（10）：45-52.

为企业实际投资支出；$VP_{i,t}$ 代表企业投资机会，用企业资产收益率衡量；Z_{it} 代表影响企业投资的其他因素，包括公司规模、财务杠杆、上市年限、总资产平减后的年初货币资金、前期投资水平以及年份固定效应和行业固定效应。

$$Inew_{i,t} = Itotal_{i,t} - Im_{i,t} \tag{6-12}$$

$$Im_{i,t} = \beta_0 + \beta_1 \cdot VP_{i,t} + \beta_3 \cdot Z_{it} + \varepsilon_{i,t} \tag{6-13}$$

表 6-20 结果显示，瞪羚企业认定显著提升企业盈利能力，并且"企业盈利能力"渠道存在显著的中介效应，原因在于瞪羚企业能够获得企业孵化、发展规划指导等多方面扶持，这都有助于优化企业经营环境、提升企业盈利能力，进而为企业高质量创新活动提供更有力的内源资金支持；瞪羚企业认定显著增加了企业的人力资本，并且"人力资本"渠道存在显著的中介效应，原因在于人是技术创新活动的主体，人力资本有利于提高研发创新效率、促进技术吸收与应用，同时人力资本还有利于提高其他生产要素的边际收益、提高企业生产率，而为其进行高质量创新活动提供更坚实的经济基础，因此瞪羚企业能够通过提高人力资本来提升其创新质量；瞪羚企业认定显著降低企业投资非效率程度、提升资金配置效率，且"资金配置效率"渠道存在显著的中介效应，原因在于政府为瞪羚企业提供的扶持措施帮助企业优化经营决策、提高资金配置效率，有助于资金流向能创造更高经济价值的研发创新活动，提升企业创新质量。

表 6-20 中介效应检验结果

	"企业盈利能力"渠道		"人力资本"渠道		"资金配置效率"渠道	
	roa	*cpatent*	*human*	*cpatent*	*allocation*	*cpatent*
treat	0.048***	0.069***	0.079*	0.088***	-3009220*	0.071***
	(6.11)	(2.89)	(1.81)	(3.25)	(2.01)	(3.02)

	"企业盈利能力"渠道		"人力资本"渠道		"资金配置效率"渠道	
	roa	*cpatent*	*human*	*cpatent*	*allocation*	*cpatent*
roa	—	0.398** (1.86)	—	—	—	—
human	—	—	0.031*** (3.55)	—	—	—
allocation	—	—	—	—	—	-2.11e-10* (1.89)
控制变量	是	是	是	是	是	是
固定效应	是	是	是	是	是	是
N	2966	2966	2966	2966	2966	2966

(三) 异质性检验

瞪羚企业认定对企业创新的异质性影响与企业所在地区、企业所处生命周期阶段和企业所在的行业有关。这种差异性影响本质上是由企业自身特点的差异性决定的。具体而言,当企业专利质量相对较高时,瞪羚企业认定会较早地出现边际效应递减现象;对应地,当企业专利质量相对较低时,瞪羚企业认定的边际效应下降较慢,对企业的边际影响更明显。但是,瞪羚企业认定的边际影响大小还受企业专利质量的绝对水平影响,如果专利质量过低,受企业自身科研能力等的限制,瞪羚企业认定可能很难发挥出明显的作用,导致出现边际影响较低的情况。此外,企业专利质量还能在一定程度上反映出企业所处的地区或行业对于创新质量提升的重视程度,这也会影响瞪羚企业认定政策的边际效应。

1. 地区异质性

由于我国东、中、西部地区经济基础不同,资源禀赋、发展方式各异,瞪羚企业认定对企业创新质量的影响也可能存在差异。为了从地区层面研究瞪羚企业认定对企业创新质量的异质性影响，本书按照企业所处地区进行分组回归，结果如表 6-21 所示。研究表明，瞪羚企业认定对东、中、西部地区企业的专利质量均有显著促进作用，促进作用从强到弱依次为中部地区、东部地区、西部地区。出现这种结果的原因在于，东部地区经济发展较快、创新活跃，企业创新质量本就处于相对较高的水平，这使得瞪羚企业认定对企业创新质量的边际提升效应低于创新基础相对落后的中部地区；而西部地区经济发展相对缓慢、创新资源不足，企业创新基础较为薄弱，相比于东部地区和中部地区，瞪羚企业认定对西部地区企业创新质量的提升效应较低，而较低的提升效应又不利于提升企业申请瞪羚企业认定的积极性，导致社会对瞪羚企业认定的重视与认可度不足，使得瞪羚企业认定对企业创新质量的作用更加难以发挥。

表 6-21　按企业所处地区分组的回归结果

	东部地区	中部地区	西部地区
treat	0.072 ** (2.53)	0.085 * (1.91)	0.047 ** (2.67)
控制变量	是	是	是
固定效应	是	是	是
N	1639	974	353

2. 行业异质性

企业所处的行业不同，其创新活动也有所差异。为了从行业层面研究瞪羚企业认定政策对企业创新质量的异质性影响，本书按企业所处行业分组。由于分组回归的全部结果较多，所以表 6-22 只汇报了结果显著的行业。可以看出，只有制造业和信息传输、软件和信息技术服务业企业的回归结果显著。这一结果与我国推动新旧动能转换、促进经济高质量发展的战略理念密切相关。在当前国内新旧动能转换和供给侧结构性改革持续推进的环境中，制造业作为国民经济的重要支柱，对高质量创新尤为需要。只有提升创新质量，才有可能升级旧优势、发展新优势，在淘汰旧动能的激烈市场竞争中立足。而高质量创新需要建立在大量研发活动基础之上，需要耗费资源，如果能够获得瞪羚企业认定，地方政府会在贷款贴息、创新资金配套、用房用地补贴等多方面为其提供支持，这可以缓解企业资源紧张，为研发活动提供保障，因此瞪羚企业认定对于制造业创新质量的影响较为显著。推进新旧动能转换和供给侧结构性改革的关键是技术，信息传输、软件和信息技术服务业则是提供技术的直接行业，更是促进技术推广和应用的重要主体，国家和社会都对其予以高度重视。对于这些行业企业来说，提高创新质量带来的边际收益高，他们有动机更积极地申请瞪羚企业认定，借助瞪羚企业认定政策的扶持措施积极进行研发，因此瞪羚企业认定对其创新质量的影响也较为显著。但是，除了制造业和信息传输、软件和信息技术服务业企业，瞪羚企业对其他行业企业创新质量的影响都不显著，原因可能是目前瞪羚企业扶持措施的针对性和有用性并不广泛适用于所有企业，导致其他行业企业进行高质量研发创新的激励不足。

表 6-22　按行业分组的回归结果

	制造业	信息传输、软件和信息技术服务业
treat	0.073** (2.44)	0.081** (2.19)
控制变量	是	是
固定效应	是	是
N	1007	384

（四）稳健性检验

1. Heckman 方法

瞪羚企业认定是在企业自主申请的基础上完成的，企业是否被评为瞪羚企业这一处理并不是外生的，受到企业自身因素的影响。因此模型中可能存在由于样本选择性偏误和互为因果导致的内生性问题：一是创新能力强的企业通常更倾向于申请参与瞪羚企业评定；二是创新能力强的企业通常经营状况更好，其被评为瞪羚企业的可能性更高。为了解决这一内生性问题，本部分采用 Heckman 极大似然估计法进行回归。研究发现，瞪羚企业认定对企业创新质量具有显著的正向促进作用，这说明基准回归结果稳健。

表 6-23　Heckman 两步法估计结果

	变　量	结　果
Main	$treat$	0.111*** (11.09)
Select	$asset$	2.91e-12 (0.13)
	$rdebt$	0.077 (0.89)
	acf	−0.019 (−0.93)
	$rincome$	−0.007 (−0.45)
	roa	0.262*** (2.86)
	$passet$	0.547*** (4.81)
	N	2966

2. 替换被解释变量

企业的发明专利通常被认定为实质性创新，而实用新型专利和外观设计专利被认定为策略性创新。因此，发明专利情况也可以用来衡量企业创新质量。在指标选用上，与专利授予量相比，专利申请量更能真实反映企业的创新水平。原因在于，在提交发明专利申请之后，专利需要经过较长时间的审查才能被公开，专利申请量更能及时、准确地衡量企业创新产出；而专利授权量可能受到检测审批、官僚因素等的影响，使数据在时效性上并不可靠。[①] 由于瞪羚企业评定名单通常在每年的下半年公布，所以这里选择"企业被认定为瞪羚企业次年的发明专利申请量"作为替换的被解释变量重新进行回归分析。结果发现，瞪羚企业认定对发明专利申请量的提升作用在 10% 的水平上显著，这说明基准回归结果稳健。

表 6-24 替换被解释变量的稳健性检验结果

	发明专利申请量
treat	2. 118[*] （1. 99）
控制变量	是
固定效应	是
N	3276

3. 更换 PSM 匹配方法

本部分将核匹配法换为半径匹配法，重新对样本进行 PSM 匹配，并在此基础上重新进行渐进双重差分回归检验。检验结果显示，瞪羚企

---

① 周煊，程立茹，王皓. 技术创新水平越高企业财务绩效越好吗？——基于 16 年中国制药上市公司专利申请数据的实证研究 [J]. 金融研究，2012（8）：166-179.

业认定对企业专利质量仍然有正向促进作用,且在 1% 的水平上显著,这说明基准回归结果稳健。

表 6-25　更换 PSM 匹配方法的稳健性检验结果

	半径匹配法
treat	0.079*** (2.98)
控制变量	是
固定效应	是
N	2966

4. 反事实检验

本部分通过改变政策实施时间来进行反事实检验。假设瞪羚企业认定的时间分别提前 2 年、3 年,若处理效应依旧显著,则说明企业专利质量的变化可能来自其他随机因素的影响。回归结果发现,假设的瞪羚企业认定对企业专利质量的影响并不显著,这说明基准回归结果稳健。

表 6-26　反事实检验结果

	提前 2 年	提前 3 年
treat	−0.027 (−0.35)	0.017 (0.61)
控制变量	是	是
固定效应	是	是
N	1783	1265

(五) 调节效应分析

根据前面的理论分析,市场化水平和知识产权保护可能会调节瞪羚企业认定对企业创新质量的影响。因此，这一部分对市场化水平和知识产权保护的调节作用展开进一步分析，对假设 4-8 和假设 4-9 进行验证。

1. 市场化水平

本书根据《中国分省份市场化指数报告（2018）》提供的 2011—2016 年的省级层面数据，按照市场化指数的中位数将各省、市、自治区划分为市场化程度较高的地区和市场化程度较低的地区，分组回归结果如表 6-27 所示。

表 6-27 按市场化程度分组检验结果

	市场化程度较高地区	市场化程度较低地区
treat	0.084*** (3.96)	0.115*** (3.71)
控制变量	是	是
固定效应	是	是
N	2443	523

结果发现，市场化程度越低，瞪羚企业认定对企业创新质量的提升效应越明显。通常来说，市场化程度低的一种重要表现是企业国有股权占比高或国有控股的企业较多。在目前我国各级政府定期接受考核和晋升锦标赛的环境当中，企业创新对于政府来说是重要的考核指标。与非国有经济相比，国有控股企业与政府之间的联系相对密切，会为配合政府发展目标而进行创新研发以提高创新质量。同时，这也在另一方面说明，即使在市场化程度较高的地区，企业从市场化改革中的获益还不足以激励他们进行高质量的创新活动，我国市场化改革的整体进程还有待继续推进。

2. 知识产权保护

借鉴吴超鹏和唐菂对知识产权保护程度的衡量方法,[①] 我们计算 2006—2018 年间省级层面的专利未被侵权率（1-省知识产权局当年受理的专利侵权案件数/全省当年累计授权专利数），并根据专利未被侵权率的中位数将各省、市、自治区划分为知识产权保护较好和知识产权保护较差的地区，分组回归结果如表 6-28 所示。结果发现，专利受保护程度越低，瞪羚企业认定对企业创新质量的提升效应越明显。出现这种现象的原因可能是，企业的研发具有较强的外部性，未从事研发的企业在专利保护程度较低的地区可以通过模仿，以较低成本实现专利质量的提升。这也从另一方面说明，在专利保护程度相对较强的地区，技术的良性传播可能受到一定程度的阻碍，导致企业在低技术水平的研发上重复投资，使得企业创新质量提升程度有限。

表 6-28　按专利保护程度分组检验结果

	专利保护较好地区	专利保护较差地区
treat	0.071*** (2.86)	0.221*** (4.37)
控制变量	是	是
固定效应	是	是
N	2191	775

---

① 吴超鹏, 唐菂. 知识产权保护执法力度、技术创新与企业绩效：来自中国上市公司的证据 [J]. 经济研究, 2016 (10)：125-139.

第三节　瞪羚企业认定政策对企业绩效的影响

一、研究设计

（一）样本选择与数据来源

本书把瞪羚企业认定看作一项准自然实验，处理组为瞪羚企业，对照组为未被认定的其他企业，检验瞪羚企业认定是否导致企业进行寻租和盈余操纵。由于瞪羚企业体量较小，通常选择在新三板上市，因此本节研究对象为新三板企业。本节的被解释变量选取 2011—2020 年数据，解释变量和控制变量选择 2010—2019 年数据。剔除 ST、ST＊企业后，共 18176 个样本。本书实证研究中涉及的新三板企业财务数据来自 CCER 经济金融数据库，瞪羚企业的评定信息手工采集自中国瞪羚网（http：//www. chinagazelle. cn/）。

（二）模型选择与变量定义

模型如下：

$$Fperformance_{i, t} = \beta_0 + \beta_1 \cdot treat_{i, t} + \beta_2 \cdot asset_{i, t} + \beta_3 \cdot rdebt_{i, t}$$
$$+ \beta_4 \cdot acf_{i, t} + \beta_5 \cdot rincome_{i, t} + \beta_6 \cdot passet_{i, t} + \varepsilon_{i, t} \quad (6\text{-}14)$$

式（6-14）中 $Fperformance_{i, t}$ 代表企业绩效的被解释变量，i 和 t 分别代表企业和年份。借鉴余明桂等的研究，[①] 企业绩效用资产收益率（roa）表示，定义为净利润与平均资产总额的比值。考虑到企业管理层可能会对净利润进行会计操纵，本节同时采用企业现金流情况（$cash$）衡量企业绩效，定义为经营现金流量净额/平均资产总额。具体变量名、

[①]　余明桂，范蕊，钟慧洁. 中国产业政策与企业技术创新 [J]. 中国工业经济，2016（12）：5-22.

变量符号及其含义见表6-29，描述性统计结果见表6-30。

表6-29　变量名、变量符号及含义

	变量名	变量符号	含　义
被解释变量	企业绩效	*roa*	净利润/平均资产总额
		cash	经营现金流量净额/平均资产总额
核心解释变量	企业是否被认定为瞪羚企业	*treat*	若企业被认定为瞪羚企业，*treat*=1；若企业未被认定为瞪羚企业，*treat*=0
控制变量	企业规模	*asset*	期末总资产
	资产负债率	*rdebt*	资产负债率
	全要素生产率	*acf*	用 ACF 方法计算的全要素生产率
	成长能力	*rincom*	营业收入增长率
	资产结构	*passet*	固定资产净额/总资产

表6-30　各变量描述性统计结果

变量名	符号	*N*	均值	标准差	最小值	最大值
企业绩效	*roa*	8239	0.017	0.072	-0.899	0.794
	cash	18176	-0.017	0.185	-10.682	1.861
企业是否被认定为瞪羚企业	*treat*	18176	0.159	0.344	0	1
企业规模	*asset*	18176	2.41e+08	2.09e+09	1212218	2.07e+11
资产负债率	*rdebt*	18176	0.348	0.217	0	10.127
全要素生产率	*acf*	18176	11.917	0.984	-14.703	17.299
成长能力	*rincome*	18176	2.072	160.353	-1.201	18524.680
资产结构	*passet*	18176	0.156	0.175	0	0.951

二、实证结果与分析

（一）基准回归结果

由于企业能否入选瞪羚企业并不是随机的，所以为了控制内生性，本部分参考何靖[①]的做法，采用核匹配法对样本进行 PSM 匹配，再基于匹配样本进行渐进双重差分回归检验。

表 6-31　基准回归结果

被解释变量	企业绩效	
	roa	*cash*
treat	0.018*** (4.84)	0.046*** (3.07)
控制变量	是	是
固定效应	是	是
N	8239	18176

基准回归结果如表 6-31 所示，瞪羚企业认定对企业资产收益率和现金流的提升作用都在 1% 的水平上显著。实证结果验证了假设 4-3 的结论，说明瞪羚企业认定能够提高企业绩效。

（二）作用机制分析

根据前面的理论分析，我们在这一部分采用逐步检验系数法，从企业融资约束、寻租行为、创新质量三个角度检验瞪羚企业认定影响企业绩效的作用渠道。具体步骤是首先将被解释变量对解释变量进行回归，然后再将中介变量分别对解释变量进行回归，最后将被解释变量同时对中介变量和解释变量进行回归。将被解释变量对解释变量进行回归的模

---

① 何靖. 延付高管薪酬对银行风险承担的政策效应：基于银行盈余管理动机视角的 PSM-DID 分析 [J]. 中国工业经济, 2016（11）：126-136.

型为基准回归中的式（6-14），式（6-15）到式（6-20）为检验影响企业绩效的"融资约束""寻租行为""创新质量"渠道模型，具体如下：

检验"融资约束"渠道：

$$Invests_{i,\,t} = \beta_0 + \beta_1 \cdot treat_{i,\,t} + \beta_2 \cdot X_{it} + \varepsilon_{i,\,t} \qquad (6-15)$$

$$Fperformance_{i,\,t} = \beta_0 + \beta_1 \cdot treat_{i,\,t} + \beta_2 \cdot Invests_{i,\,t} + \beta_3 \cdot X_{it} + \varepsilon_{i,\,t}$$

$$(6-16)$$

检验"寻租行为"渠道：

$$rentseeking_{i,\,t} = \beta_0 + \beta_1 \cdot treat_{i,\,t} + \beta_2 \cdot X_{it} + \varepsilon_{i,\,t} \qquad (6-17)$$

$$Fperformance_{i,\,t} = \beta_0 + \beta_1 \cdot treat_{i,\,t} + \beta_2 \cdot rentseeking_{i,\,t} + \beta_3 \cdot X_{it} + \varepsilon_{i,\,t}$$

$$(6-18)$$

检验"创新质量"渠道：

$$innovation_{i,\,t} = \beta_0 + \beta_1 \cdot treat_{i,\,t} + \beta_2 \cdot X_{it} + \varepsilon_{i,\,t} \qquad (6-19)$$

$$Fperformance_{i,\,t} = \beta_0 + \beta_1 \cdot treat_{i,\,t} + \beta_2 \cdot innovation_{i,\,t} + \beta_3 \cdot X_{it} + \varepsilon_{i,\,t}$$

$$(6-20)$$

其中，$Invests$ 指企业融资约束，本部分构建由企业规模（$size$）和企业年龄（age）计算而成的 SA 指数，用以衡量企业的融资约束，具体的计算公式为 $-0.737 * size + 0.043 * size^2 - 0.04 * age$，其中 $size$ 为企业总资产自然对数值，age 为企业年龄。$rentseeking$ 代表企业寻租活动的程度，本部分借鉴陈骏和徐捍军的方法，[1] 分年度分行业回归测算企业超额管理费用，用于衡量企业寻租。$innovation$ 代表企业的创新质量，参考张杰和郑文平[2]的思路，本部分采用平均值的汇总方式，将每个专利的复杂度按照企业—年份进行汇总，以确定企业层面的专利复杂度，用

---

① 陈骏，徐捍军. 企业寻租如何影响盈余管理 [J]. 中国工业经济，2019（12）：171-188.

② 张杰，郑文平. 创新追赶战略抑制了中国专利质量么？[J]. 经济研究，2018（5）：28-41.

专利复杂度衡量企业的创新质量。$asset$ 为企业资产总额，代表企业规模；acf 为全要素生产率，代表企业效率。

表 6-32 "融资约束"渠道的作用机制检验结果

	"融资约束"渠道		
	Invests	*Firm performance* (*roa*)	*Firm performance* (*cash*)
treat	−3.733 * * (−9.12)	0.117 * * * (8.09)	0.041 * * * (3.16)
Invests		−0.115 * * (−2.42)	−0.0117408 (−0.17)
控制变量	是	是	是
N	18176	8239	18176

表 6-33 "寻租行为"渠道的作用机制检验结果

	"寻租行为"渠道		
	Rent seeking	*Firm performance* (*roa*)	*Firm performance* (*cash*)
treat	1.228 * * (2.11)	0.018 * * * (3.66)	0.033 * * * (3.09)
rent seeking		−0.001 * * (−2.01)	−0.002 * (−1.39)
控制变量	是	是	是
N	18176	8239	18176

表6-34　"创新质量"渠道的作用机制检验结果

	"创新质量"渠道		
	innovation	*Firm performance* (*roa*)	*Firm performance* (*cash*)
treat	0.235*** (6.24)	0.022*** (2.81)	0.067*** (3.90)
innovation		0.071** (2.26)	0.069 (0.44)
控制变量	是	是	是
N	18176	8239	18176

　　表6-32至表6-34为瞪羚企业认定对企业绩效的作用机制检验结果，从"融资约束"渠道看，瞪羚企业认定显著缓解了企业的融资约束，并进而提升了瞪羚企业的资产收益率；从"寻租行为"渠道看，瞪羚企业认定显著增加了企业寻租的费用，不利于改善企业资产收益率和现金流状况，即企业寻租会在一定程度上降低企业绩效。从"创新质量"渠道看，瞪羚企业认定显著提升了企业的创新质量，并进而提升了企业的资产收益率。为了检验中介效应的显著性，本部分采用系数乘积检验方法对中介效应模型进行检验。由于Sobel检验和Bootstrap检验是系数乘积检验方法常用的两种检验，所以本部分对中介效应模型分别进行Sobel检验和Bootstrap检验。Sobel检验结果和Bootstrap检验结果如表6-35所示，Sobel检验的p值均小于0.05，表明中介效应显著；Bootstrap检验的间接效应置信区间均不包括0，也表明中介效应显著。

表6-35　Sobel检验和Bootstrap检验结果

	"融资约束"渠道	"寻租行为"渠道	"创新质量"渠道
Sobel检验的p值	2.166e-13	2.211e-13	1.173e-13
Bootstrap检验的中介效应置信区间	[0.1522941, 0.2878692]	[0.3545181, 0.5878043]	[0.0043119, 0.1667218]

根据《中国分省份市场化指数报告（2018）》提供的2008—2016年的省级层面数据，按照市场化指数的中位数将各省、市、自治区划分为市场化水平较高的地区和市场化水平较低的地区。回归结果如表6-36所示，市场化水平越高，瞪羚企业认定越能显著提升企业的资产收益率和现金流状况。究其原因是，市场化水平越高，政府对企业的干预程度越低，产品市场和要素市场越完善，企业越能有效利用优胜劣汰的市场机制，改善生产经营、扩大企业规模，进而提升企业经营绩效。

表6-36 按市场化程度分组检验结果

变量	市场化水平较低的地区		市场化水平较高的地区	
	roa	*cash*	*roa*	*cash*
treat	−0.015 (−0.78)	0.021 (0.69)	0.020*** (4.12)	0.053** (2.44)
控制变量	是	是	是	是
固定效应	是	是	是	是
N	2842	6615	5397	11561

（三）异质性检验

1. 地区异质性

由于我国东、中、西部地区的资源禀赋和经济基础差异很大，地区之间的发展很不平衡，所以瞪羚企业认定对企业绩效的影响也可能存在地区性差异。为了研究瞪羚企业认定对不同地区企业绩效的异质性影响，本部分按照企业所在的地区进行分组回归，结果如表6-37所示。

可以看出，瞪羚企业认定对中部地区企业绩效的提升作用高于对东部地区和西部地区企业绩效的提升作用。原因在于，东部地区经济发展较快，企业绩效本就处于较高水平，这使得瞪羚企业认定对企业绩效的边际提升效应低于经济相对落后的中部地区；而西部地区经济发展相对滞后,经济基础较为薄弱,瞪羚企业认定对西部地区企业绩效提升的边际效应也就较低。

表 6-37 东、中、西部地区回归结果

	东部地区		中部地区		西部地区	
	roa	*cash*	*roa*	*cash*	*roa*	*cash*
treat	0.017*** (4.16)	0.037** (2.01)	0.021*** (2.22)	0.157*** (3.89)	0.019* (1.87)	0.078* (1.83)
控制变量	是	是	是	是	是	是
固定效应	是	是	是	是	是	是
N	4094	9363	2877	6654	1268	2159

2. 行业异质性

不同行业的企业在发展模式、技术水平、行业性质等方面存在较大差异,瞪羚企业认定对企业绩效的影响可能存在行业异质性。为了研究这种异质性影响,这一部分按照企业所处的行业进行分组。由于分组回归的全部结果较多,所以表 6-38 只汇报了回归结果比较显著的行业。从企业绩效来看,瞪羚企业认定能够显著改善制造业、信息传输、软件和信息技术服务业企业的资产收益率,显著改善制造业、交通运输、仓储和邮政业、科学研究和技术服务业、居民服务、修理和其他服务业企业的现金流状况。并且,瞪羚企业认定还能够显著提升制造业与信息传输、软件和信息技术服务业的资产收益率,这可能是国家大力推动新旧动能转换和促进经济高质量发展的结果。

表6-38 分行业回归部分结果

行业	制造业		交通运输、仓储和邮政业	信息传输、软件和信息技术服务业	科学研究和技术服务业	居民服务、修理和其他服务业
	roa	*cash*	*cash*	*roa*	*cash*	*cash*
treat	0.014*** (3.39)	0.114*** (7.04)	0.511*** (5.03)	0.028*** (3.61)	0.061* (1.64)	0.237* (1.77)
控制变量	是	是	是	是	是	是
固定效应	是	是	是	是	是	是
N	3653	7715	2298	917	2885	1072

（四）稳健性检验

1. 更换 PSM 匹配方法

这一部分将核匹配法换为半径匹配法，重新对样本进行 PSM 匹配，并在此基础上进行渐进双重差分回归检验。表 6-39 显示，瞪羚企业认定对企业绩效仍有正面影响，并且在 1% 的水平上显著，这说明基准回归结果仍然稳健。

表6-39 更换 PSM 匹配方法的回归结果

被解释变量	企业绩效	
	roa	*cash*
treat	0.013*** (4.81)	0.028*** (5.12)
控制变量	是	是
固定效应	是	是
N	8239	18176

2. 反事实检验

本部分通过改变政策实施时间来进行反事实检验。假设瞪羚企业认定的时间分别提前 2 年和 3 年，若处理效应依旧显著，则说明瞪羚企业认定对企业绩效的影响可能是由其他因素导致的。表 6-40 表明，瞪羚企业认定对企业绩效不再具有显著的正向影响，这说明基准回归结果依旧稳健。

表 6-40　反事实检验结果

变量	提前 2 年		提前 3 年	
	roa	*cash*	*roa*	*cash*
treat	0.003 (−0.71)	−0.021 (−1.04)	−0.004 (−0.55)	0.001 (0.09)
控制变量	是	是	是	是
固定效应	是	是	是	是
N	6671	15713	4909	12455

3. Heckman 方法

由于瞪羚企业认定是基于企业自主申请经政府评估而定，所以企业能否入选瞪羚企业并不是外生的，容易受到企业自身因素的影响。因此模型中可能存在由于样本选择性偏差和互为因果导致的内生性问题：一是经济绩效较好的企业通常更愿意申请瞪羚企业认定，二是因为经济绩效及增长幅度是瞪羚企业认定的重要标准，所以绩效好的企业被评为瞪羚企业的可能性更高。为了解决这一内生性问题，本部分采用 Heckman 极大似然估计法对企业绩效模型进行回归检验。表 6-41 表明，瞪羚企业认定显著提高了企业绩效，这说明基准回归结果依然稳健。

表6-41　Heckman检验估计结果

	变量	结果
Main	*treat*	0.005[**] (2.23)
Select	*asset*	1.381e-11 (0.77)
	rdebt	-0.545[***] (-10.12)
	acf	0.031[**] (2.55)
	rincome	0.001 (0.21)
	roa	0.776[***] (7.29)
	passet	-0.249[***] (-3.49)
chi2	5.06[**]	

第四节　本章小结

基于第四章的理论分析，本章运用2011—2020年新三板企业数据和倾向匹配得分—渐进双重差分模型实证检验了瞪羚企业认定政策对企业迎合行为、企业创新质量、企业绩效的影响及其作用机制，研究发现：

一、关于瞪羚企业认定政策对企业迎合行为的影响

（一）瞪羚企业认定会使企业进行寻租和正向盈余操纵。

（二）瞪羚企业认定对企业迎合行为的影响在企业生命周期阶段、

行业、区域层面均具有异质性，具体而言：瞪羚企业认定会导致大部分行业企业寻租增加，其中对信息传输、软件和信息技术服务业企业，租赁和商务服务业，水利、环境和公共设施管理业，居民服务、修理和其他服务业，教育行业企业影响显著；瞪羚企业认定会导致大部分行业企业进行盈余操纵，其中农、林、牧、渔业，制造业，信息传输、软件和信息技术服务业企业，科学研究和技术服务业，居民服务、修理和其他服务业企业会正向盈余操纵显著，批发和零售业企业负向盈余操纵显著；瞪羚企业认定会显著增加东部地区企业的寻租、减少中部地区企业的寻租；东、中、西部地区企业都会在瞪羚企业认定的影响下进行正向盈余操纵，且西部地区企业的正向盈余操纵幅度最大。

（三）财政分权和市场化水平对瞪羚企业认定的影响有调节作用，财政分权程度和市场化水平越高，瞪羚企业认定会使企业进行更多寻租，但会减少企业的正向盈余操纵。

（四）对基准回归的基础上，本章进行一系列稳健性检验，包括 Heckman 两步法检验、替换 PSM 匹配方法检验和反事实检验，均证明基准回归的结果稳健。

二、关于瞪羚企业认定政策对企业创新质量的影响

（一）瞪羚企业认定能提升企业创新质量，且这一效应在 1% 的水平上显著，这证明在实施创新驱动发展战略、建设创新型国家的进程中，瞪羚企业认定工作具有重要性与必要性。

（二）瞪羚企业认定对企业创新质量的提升效应具有异质性：从地区层面来看，瞪羚企业认定对东、中、西部地区企业的创新质量均有显著促进作用，促进作用从强到弱依次为中部地区、东部地区、西部地区；从行业层面来看，瞪羚企业认定对制造业，信息传输、软件和信息技术服务业，科学研究和技术服务业企业的创新质量有显著提升作用，这说明在当前智能制造、5G 等热点领域快速发展的背景下，相关企业

正在借助瞪羚企业认定这一利好积极开展研发创新活动。

（三）对基准回归的基础上，本章进行一系列稳健性检验，包括 Heckman 方法检验、替换被解释变量检验、替换 PSM 匹配方法检验和反事实检验，均证明瞪羚企业认定能提升企业创新质量的结论稳健。

（四）中介效应分析表明，瞪羚企业认定通过增加企业人力资本、提升企业资金配置效率和盈利能力提高了企业创新质量。

（五）在市场化程度较低和专利保护程度较低的地区，瞪羚企业认定对企业创新质量的提升效应更明显，说明我国的市场化改革对企业进行高质量创新的激励有限，知识产权保护工作有待调整和优化。

三、关于瞪羚企业认定政策对企业绩效的影响

（一）瞪羚企业认定总体上提升了企业绩效。作用机制分析表明，瞪羚企业认定通过缓解企业的融资约束、提升企业的创新质量改善了企业的绩效，但是却刺激了企业的寻租活动，从而降低了企业的绩效。

（二）市场化水平正向调节瞪羚企业认定对企业绩效的影响。

（三）瞪羚企业认定对企业绩效的影响具有显著的异质性：从地区异质性看，瞪羚企业认定对中部地区企业绩效的改善作用高于对东部地区和西部地区企业绩效的改善作用；从行业异质性看，瞪羚企业认定能显著提升制造业，信息传输、软件和信息技术服务业企业的资产收益率，显著改善制造业，交通运输、仓储和邮政业，信息传输、软件和信息技术服务业，科学研究和技术服务业，居民服务、修理和其他服务业企业的现金流状况。

第七章

瞪羚企业认定政策对社会影响的实证分析

本章研究瞪羚企业认定政策对社会的影响，主要从企业社会贡献和地区经济发展两个方面展开。

第一节　瞪羚企业认定政策对企业社会贡献的影响

一、研究设计

（一）样本选择与数据来源

本书把瞪羚企业认定看作一项准自然实验，处理组为瞪羚企业，对照组为未被认定的其他企业，检验瞪羚企业认定是否导致企业进行寻租和盈余操纵。由于瞪羚企业体量较小，通常选择在新三板上市，因此研究对象为新三板企业。本章被解释变量选取 2011—2020 年数据，解释变量和控制变量选择 2010—2019 年数据。在剔除 ST、ST＊企业后，本章共获得 18176 个研究样本。本章实证研究中涉及的新三板企业财务数据来自 CCER 经济金融数据库，瞪羚企业的评定信息手工采集自中国瞪羚网（http：//www.chinagazelle.cn/）。

（二）模型选择与变量定义

模型如下：

$$Sperformance_{i,\,t} = \beta_0 + \beta_1 \cdot treat_{i,\,t} + \beta_2 \cdot asset_{i,\,t} + \beta_3 \cdot rdebt_{i,\,t}$$

$$+ \beta_4 \cdot acf_{i,\,t} + \beta_5 \cdot rincome_{i,\,t} + \beta_6 \cdot passet_{i,\,t} + \varepsilon_{i,\,t}$$

$$(7-1)$$

其中，$Sperformance_{i,\,t}$ 是代表企业社会贡献的被解释变量，i 和 t 分别代表企业和年份。社会贡献采用企业的税收贡献（tax）和就业贡献（$employment$）两个指标考察，其中税收贡献用企业所得税总额衡量，就业贡献用员工总人数的对数值衡量。由于我国瞪羚企业认定名单通常在下半年公布，因此被解释变量均为滞后一期变量。本节选取可能影响企业社会贡献的因素作为控制变量，包括企业规模（$asset$）、负债情况（$rdebt$）、全要素生产率（acf）、成长能力（$rincome$）、资产结构（$passet$），我们参考任曙明和吕镯[①]的做法，使用将劳动投入引入中间投入函数的 ACF 方法测算全要素生产率。具体变量名、变量符号及其含义见表 7-1，描述性统计结果见表 7-2。

表 7-1 变量名、变量符号及含义

	变量名	变量符号	含　义
被解释变量	社会贡献	tax	所得税总额
		$employment$	员工总数的对数值
核心解释变量	企业是否被认定为瞪羚企业	$treat$	若企业被认定为瞪羚企业，$treat$ $=1$；若企业未被认定为瞪羚企业，$treat=0$

---

① 任曙明，吕镯. 融资约束、政府补贴与全要素生产率：来自中国装备制造企业的实证研究 [J]. 管理世界，2014（11）：10-23, 187.

	变量名	变量符号	含　义
控制变量	企业规模	*asset*	期末总资产
	资产负债率	*rdebt*	资产负债率
	全要素生产率	*acf*	用 ACF 方法计算的全要素生产率
	成长能力	*rincome*	营业收入增长率
	资产结构	*passet*	固定资产净额/总资产

表 7-2　各变量描述性统计结果

变量名	符号	*N*	均值	标准差	最小值	最大值
社会贡献	*tax*	18176	75.142	10.281	8.527	203.752
	employment	18176	0.021	0.031	0.001	1.179
企业是否被认定为瞪羚企业	*treat*	18176	0.159	0.344	0	1
企业规模	*asset*	18176	2.41e+08	2.09e+09	1212218	2.07e+11
资产负债率	*rdebt*	18176	0.348	0.217	0	10.127
全要素生产率	*acf*	18176	11.917	0.984	-14.703	17.299
成长能力	*rincome*	18176	2.072	160.353	-1.201	18524.680
资产结构	*passet*	18176	0.156	0.175	0	0.951

二、实证结果与分析

（一）基准回归结果

由于企业能否入选瞪羚企业并不是随机的，所以为了控制内生性，本部分采用核匹配法对样本进行 PSM 匹配，再基于匹配样本进行渐进双重差分回归检验。基准回归结果如表 7-3 所示，瞪羚企业认定使企业的税收贡献上升 40577.63 元，使企业的就业贡献上升 0.0672，且都在 1% 的水平上显著。实证结果验证了假设 4-4 的结论，说明瞪羚企业认定能够提高企业的税收贡献和就业贡献。

表 7-3　基准回归结果

被解释变量	社会贡献	
	tax	*employment*
treat	40577. 630 *** （2. 82）	0. 0672 *** （5. 09）
控制变量	是	是
固定效应	是	是
N	18176	18176

（二）作用机制分析

根据前面的理论分析，在这一部分采用逐步检验系数法，从规模效应和效率效应两个角度检验瞪羚企业认定对企业社会贡献的作用渠道。具体步骤是首先将被解释变量对解释变量进行回归，然后再将中介变量分别对解释变量进行回归，最后将被解释变量同时对中介变量和解释变量进行回归。将被解释变量对解释变量进行回归的模型为基准回归中的式（7-1），式（7-2）到式（7-5）为检验"规模效应"和"效率效应"渠道的模型，具体如下：

检验"规模效应"渠道：

$$asset_{i,\,t} = \beta_0 + \beta_1 \cdot treat_{i,\,t} + \beta_2 \cdot X_{it} + \varepsilon_{i,\,t} \qquad (7-2)$$

$$Sperformance_{i,\,t} = \beta_0 + \beta_1 \cdot treat_{i,\,t} + \beta_2 \cdot asset_{i,\,t} + \beta_3 \cdot X_{it} + \varepsilon_{i,\,t}$$

$$(7-3)$$

检验"效率效应"渠道：

$$acf_{i,\,t} = \beta_0 + \beta_1 \cdot treat_{i,\,t} + \beta_2 \cdot X_{it} + \varepsilon_{i,\,t} \qquad (7-4)$$

$$Sperformance_{i,\,t} = \beta_0 + \beta_1 \cdot treat_{i,\,t} + \beta_2 \cdot acf_{i,\,t} + \beta_3 \cdot X_{it} + \varepsilon_{i,\,t}$$

$$(7-5)$$

表7-4　"规模效应"渠道的作用机制检验结果

	"规模效应"渠道		
	asset	*Social performance*（*tax*）	*Social performance*（*employment*）
treat	0.0617*** (5.52)	38812.676** (2.12)	0.061*** (4.84)
asset		48002.54** (2.27)	0.431*** (19.09)
N	18176	18176	18176

表7-5　"效率效应"渠道的作用机制检验结果

	"效率效应"渠道		
	asset	*Social performance*（*tax*）	*Social performance*（*employment*）
treat	0.058*** (2.66)	37273.16** (2.78)	0.064*** (5.04)
acf		95365.22*** (5.41)	-0.061*** (-6.09)
N	18176	18176	18176

　　表7-4和表7-5为瞪羚企业认定对企业社会贡献作用机制的检验结果，从税收贡献看，瞪羚企业认定显著扩大了企业规模、提高了企业效率，通过规模效应和效率效应提高了企业的税收贡献；从就业贡献看，瞪羚企业认定通过扩大企业规模增加了企业员工数，但提高企业效率降低了企业员工数，结合瞪羚企业认定总体上提高了就业贡献的基准回归结果，这意味着对就业贡献来说，瞪羚企业认定所产生的规模效应超过了效率效应。为了检验中介效应的显著性，本部分采用系数乘积检验方法对中介效应模型进行检验。由于Sobel检验和Bootstrap检验是系数乘积检验方法常用的两种检验，所以本部分对中介效应模型分别进行Sobel检验和Bootstrap检验。Sobel检验结果和Bootstrap检验结果如表7-6所示，Sobel检验的p值均小于0.05，表明中介效应显著；Bootstrap

检验的间接效应置信区间均不包括 0，也表明中介效应显著。

表 7-6　Sobel 检验和 Bootstrap 检验结果

	"规模效应"渠道	"效率效应"渠道
Sobel 检验的 p 值	1.187e-13	2.023e-13
Bootstrap 检验的中介效应置信区间	[0.5254341, 0.6669753]	[0.0021262, 0.2870934]

根据《中国分省份市场化指数报告（2018）》提供的 2008—2016 年的省级层面数据，按照市场化指数的中位数将各省、市、自治区划分为市场化水平较高的地区和市场化水平较低的地区。回归结果如表 7-7 所示，从社会贡献来看，市场化水平越高，瞪羚企业认定越能显著提升企业的税收贡献和就业贡献。究其原因是，市场化水平越高，政府对企业的干预程度越低，产品市场和要素市场越完善，企业越能有效利用优胜劣汰的市场机制，改善生产经营、扩大企业规模，进而提升企业经营绩效、税收贡献和就业贡献。

表 7-7　按市场化程度分组检验结果

	市场化水平较低的地区		市场化水平较高的地区	
	tax	*employment*	*tax*	*employment*
treat	90334.520 (0.66)	-0.031 (-0.12)	28553.830* (1.87)	0.071*** (3.91)
控制变量	是	是	是	是
固定效应	是	是	是	是
N	5480	4988	12696	13188

（三）异质性检验

1. 地区异质性

由于我国东、中、西部地区的资源禀赋和经济基础差异很大，地区之间的发展很不平衡，所以瞪羚企业认定对企业社会贡献的影响也可能存在地区性差异。为了研究瞪羚企业认定对不同地区企业社会贡献的异质性影响，这一部分按照企业所在的地区进行分组回归，结果如表 7-8 所示。

　　从社会贡献看，在纳税方面，瞪羚企业认定显著提高了东部地区瞪羚企业的税收贡献，对中部地区瞪羚企业的税收贡献有正向促进作用但是不显著，对西部地区瞪羚企业的税收贡献有负向作用但是不显著。对以上结果可能的解释是，东部地区经济基础较好，企业规模较大、融资环境较好、盈利能力较强，入选瞪羚企业后的政策支持及融资便利条件不仅能够进一步扩大企业规模、提升企业收益，而且能够推动企业加强创新、提高企业创新质量，从而提升企业的税收贡献。相对而言，中西部地区的经济基础较弱，企业规模较小、融资环境较差、盈利能力不强，入选瞪羚企业后的政策利好及融资便利作用较小，对企业利润的提升作用不大，并且中西部地区对瞪羚企业的政策支持可能主要依赖于税收优惠，因此瞪羚企业认定对于中西部地区瞪羚企业税收贡献的影响不显著。在就业贡献方面，瞪羚企业认定对东部地区和中部地区企业的就业机会有显著的促进作用，并且对中部地区企业就业机会的促进作用略高于对东部地区企业就业机会的促进作用，对西部地区企业的就业影响为负但不显著。以上结果可能的原因是，与西部地区相比，东部地区和中部地区企业发展环境相对较好，瞪羚企业认定所带来的政策支持和融资便利可以推动企业快速扩张，从而创造出了更多的就业岗位，并且东部地区企业的创新能力更强，创新质量提高所导致的效率效应更大，对就业的促进作用更弱，因此瞪羚企业认定对中部地区企业就业岗位的创造作用大于对东部地区企业就业岗位的创造作用。而西部地区的发展环境相对落后，瞪羚企业认定后的政策倾斜及融资机会对企业规模的刺激作用不够，再加上创新质量提高所带来的效率效应对就业贡献的负向作用，最终导致瞪羚企业认定对西部地区就业贡献的作用为负但不显著。

表 7-8 东、中、西部地区回归结果

	东部地区		中部地区		西部地区	
	tax	*employment*	*tax*	*employment*	*tax*	*employment*
treat	46927.150*** (2.71)	0.082*** (5.11)	14773.910 (0.38)	0.091*** (3.77)	−87017.320 (−0.44)	−8.216e−06 (−0.89)
控制变量	是	是	是	是	是	是
固定效应	是	是	是	是	是	是
N	11562	11562	4913	4913	1701	1701

2. 行业异质性

不同行业的企业在发展模式、技术水平、行业性质等方面存在较大差异，瞪羚企业认定对企业社会贡献的影响可能存在行业异质性。为了研究这种异质性影响，这一部分按照企业所处的行业进行分组。

由于分组回归的全部结果较多，所以表 7-9 只汇报了回归结果比较显著的行业。可以看出，瞪羚企业认定显著提高了制造业企业的税收贡献，显著增加了制造业企业、科学研究和技术服务业企业的就业贡献。比较瞪羚企业认定对企业绩效和社会贡献影响的实证结果，本书发现入选瞪羚企业之后，企业社会贡献显著增加的行业数不多，只有制造业行业的瞪羚企业显著提高了企业绩效和社会贡献。这意味着其他行业企业绩效的提升或者过度依赖政府的税收优惠，导致其税收贡献增长不显著；或者企业规模的变化不大，对就业的影响不大；或者因企业创新质量提升所导致的效率改善减少了对劳动力的需求，从而弱化了企业的就业贡献；或者几者兼而有之。

表 7-9　分行业回归部分结果

行业	制造业		科学研究和技术服务业
变量	*tax*	*employment*	*employment*
treat	60553.280** (2.51)	0.093** (6.11)	0.074* (1.75)
控制变量	是	是	是
固定效应	是	是	是
N	5725	5725	3663

（四）稳健性检验

1. 更换 PSM 匹配方法

这一部分将核匹配法换为半径匹配法，重新对样本进行 PSM 匹配，并在此基础上进行渐进双重差分回归检验。表 7-10 显示，瞪羚企业认定对企业会贡献仍有正面影响，并且在 1% 的水平上显著，这说明基准回归结果仍然稳健。

表 7-10　更换 PSM 匹配方法后的回归结果

	社会贡献	
	tax	*employment*
treat	38946.270** (2.44)	0.071*** (5.08)
控制变量	是	是
固定效应	是	是
N	18176	18176

2. 反事实检验

本部分通过改变政策实施时间来进行反事实检验。假设瞪羚企业认定的时间分别提前 2 年和 3 年，若处理效应依旧显著，则说明瞪羚企业认定对企业社会贡献的影响可能是由其他因素导致的。表 7-11 表明，瞪羚企业认定对企业社会贡献不再具有显著的正向影响，这说明基准回归结果依旧稳健。

表 7-11　反事实检验结果

变量	提前 2 年		提前 3 年	
	tax	*employment*	*tax*	*employment*
treat	−12552. 410 （−0. 52）	0. 041 （−0. 45）	32277. 520 （1. 02）	0. 091 （0. 77）
控制变量	是	是	是	是
固定效应	是	是	是	是
N	17148	17148	15869	15869

第二节　瞪羚企业认定政策对地区经济发展的影响

一、研究设计

（一）样本选择与数据来源

鉴于地级市政府是推出瞪羚企业认定政策的主要主体，本部分将地级市城市作为研究对象。由于目前我国许多地级市的最新数据只更新到 2020 年，考虑到数据的完整性和整个研究的统一性，本部分样本研究期间定为 2011 年至 2020 年，并且剔除经济统计数据不完整的地级市，按照地级市—年份的格式共整理得到 2610 个样本数据。数据来源于中国瞪羚网（https：//www. chinagazelle. cn/）、《中国城市统计年鉴》，以及自行整理的数据，并用插值法补充部分缺失的数据。

(二) 模型选择与变量定义

由于各个地级市推出瞪羚企业认定政策的时间并不一致,传统的双重差分模型不再适用,所以本部分采用渐进双重差分模型,研究瞪羚企业认定政策对地区经济发展水平的影响。回归模型为:

$$GDP_{i,\,t+1} = \beta_0 + \beta_1 policy_{i,\,t} + \beta_2 X_{i,\,t} + \delta_{i,\,t} + \varepsilon_{i,\,t} \qquad (7\text{-}6)$$

其中,$GDP_{i,\,t+1}$ 为被解释变量,用人均 GDP 来衡量;$policy_{it}$ 为核心解释变量,若城市 i 在 t 年推出瞪羚企业认定政策,则 $policy_{i,\,t} = 1$,反之,$policy_{i,\,t} = 0$;控制变量包括地区财政分权水平、地区市场化水平、地区科技投入水平、地区人口规模,下标 i 和 t 分别代表城市和年份。$\delta_{i,\,t}$ 代表控制时间固定效应,$\varepsilon_{i,\,t}$ 代表误差项。具体变量含义与变量数据的描述性统计分别见表 7-12 和表 7-13。

表 7-12 变量名、变量符号及含义

	变量名	变量符号	含 义
被解释变量	地区经济发展	GDP	地区人均国民生产总值的对数值
核心解释变量	企业是否被认定为瞪羚企业	$treat$	若企业被认定为瞪羚企业,$treat = 1$;若企业未被认定为瞪羚企业,$treat = 0$
控制变量	地区财政分权水平	$finance$	本级财政支出/(本级财政支出+上级财政支出)
	地区市场化水平	$market$	地区市场化指数
	地区科技投入水平	$tech$	地区科技投入/地区 GDP
	地区人口规模	$popu$	地区人口总数的对数值

表 7-13 变量数据的描述性统计

变量	样本数	均值	标准差	最小值	最大值
GDP	2610	8.336	1.322	6.766	11.268
$policy$	2610	0.227	0.449	0	1

变量	样本数	均值	标准差	最小值	最大值
finance	2610	0.399	0.311	0.002	0.682
market	2610	6.436	1.509	2.330	10
tech	2610	−6.943	1.626	−13.147	−4.257
popu	2610	4.476	0.612	2.645	7.941

二、实证结果与分析

(一) 基准回归结果

表 7-14 中的第 (1) 和第 (2) 列分别报告了整体回归结果和按南北方地区分组的组间差异性检验结果。可以看出，瞪羚企业认定政策总体上显著促进了地区经济发展，符合地方政府推行该政策的预期；与北方地区相比，瞪羚企业认定政策对南方地区经济发展的促进效应更强。从组间差异性检验结果可以看出这种差异的原因，与北方地区相比，南方地区的政府财政分权水平、科技投入水平、市场化水平对经济发展的促进作用更明显，政策实施环境更加良好，因此瞪羚企业认定政策更能促进南方地区的经济发展。

表 7-14　所有样本、北方地区样本、南方地区样本和
南北方地区的组间差异性检验结果

变量	(1)	(2)	(3)	(4)
policy	0.633 *** (11.09)	0.606 * (1.71)	0.763 *** (2.65)	0.379 *** (3.91)
*policy * region*	—	—	—	0.149 *** (3.40)

变量	(1)	(2)	(3)	(4)
finance	-0.028*** (-3.33)	-0.053** (2.16)	-0.014** (-2.42)	0.111*** (2.99)
tech	1.121*** (131.09)	1.118*** (10.44)	1.125*** (8.60)	0.231*** (-4.02)
popu	0.142*** (11.87)	0.138* (1.82)	0.146 (-0.35)	0.067 (1.13)
market	0.047*** (2.99)	0.024* (1.78)	0.068*** (4.06)	0.150*** (3.11)
*finance * region*	—	—	—	0.042*** (-3.87)
*tech * region*	—	—	—	0.001*** (25.16)
*popu * region*	—	—	—	0.001 (1.01)
*market * region*	—	—	—	0.039*** (-2.88)
固定效应	是	是	是	是
N	2610	1063	1547	2610

（二）作用机制分析

根据前面的理论分析，我们从创新创业活动、市场化水平两个角度检验瞪羚企业认定政策促进地区经济发展的作用渠道。基本原理是，首先将中介变量分别对核心解释变量进行回归，然后再将被解释变量同时对中介变量和核心解释变量进行回归。式（7-7）和式（7-8）是检验创新创业活动的中介效应模型，式（7-9）和式（7-10）是检验市场化水平的中介效应模型。

$$inno_{it} = \beta_0 + \beta_1 policy_{it} + \beta_2 X_{it} + \delta_{it} + \varepsilon_{it} \qquad (7-7)$$

$$GDP_{it} = \beta_0 + \beta_1 policy_{it} + \beta_2 inno_{it} + \beta_3 X_{it} + \delta_{it} + \varepsilon_{it} \qquad (7-8)$$

$$market_{it} = \beta_0 + \beta_1 policy_{it} + \beta_2 X_{it} + \delta_{it} + \varepsilon_{it} \qquad (7-9)$$

$$GDP_{it} = \beta_0 + \beta_1 policy_{it} + \beta_2 market_{it} + \beta_3 X_{it} + \delta_{it} + \varepsilon_{it} \qquad (7-10)$$

其中，$inno$ 代表地区创新创业活动，数据来自北京大学国家发展研究院与龙信数据研究院联合发布的地级市层面创新创业活动指数，该指数由地区内企业创新创业产出数据计算而得；$market$ 代表地区的市场化指数，数据来自《中国分省份市场化指数报告（2018）》并且经过推算所得。其他变量与基准回归模型中的变量含义一致。表 7-15 中的（1）和（2）分别展示了对创新创业活动渠道和市场化水平渠道的中介效应检验结果，从中可以看出，瞪羚企业认定政策显著提升了地区创新创业活动产出和地区市场化水平，并都进一步促进了地区经济发展，并且两个作用渠道的 Sobel 检验 p 值均小于 0.05，说明两个中介效应都比较显著，这些结论验证了假设 4-5。

表 7-15 作用机制检验

变量	（1）		（2）	
	inno	*GDP*	*market*	*GDP*
policy	0.716*** (7.85)	0.733*** (10.02)	0.721*** (6.79)	0.855*** (10.24)
inno	—	0.263*** (16.44)	—	—
market	—	—	—	0.118*** (9.49)
控制变量	是	是	是	是
N	2610	2610	2610	2610
Sobel	4.164e-14		7.018e-08	

（三）稳健性检验

为了进一步检验基准回归的稳健性，本部分分别采用替换变量、分样本检验和安慰剂检验方法进行了稳健性检验。用替换变量法进行稳健性检验时，本节将原被解释变量人均 GDP 替换为人均 GDP 增长率，重新进行回归；在进行分样本检验时，我们从总样本中去掉副省级城市和正厅级省会城市样本，使用正厅级非省会地级市进行子样本回归；在进行安慰剂检验时，本节分别将瞪羚企业认定政策的时间提前 2 年和 3 年再进行回归。上述稳健性检验表明，研究结论仍然成立。

第三节　本章小结

基于第四章的理论分析，本章运用 2011—2020 年新三板企业数据、地级市统计数据和倾向匹配得分—渐进双重差分模型实证检验了瞪羚企业认定政策对企业税收贡献、企业就业贡献和地区经济发展的影响及其作用机制，研究发现以下几点。

一、关于瞪羚企业认定政策对企业社会贡献的影响

（一）瞪羚企业认定总体上提升了企业的税收贡献和就业贡献。作用机制研究表明，瞪羚企业认定通过规模效应和效率效应提高了税收贡献，通过规模效应提高了就业贡献，但是通过效率效应降低了就业贡献。

（二）市场化水平正向调节瞪羚企业认定对企业社会贡献的影响。

（三）瞪羚企业认定对企业社会贡献的影响具有显著的异质性。从地区异质性看，在税收贡献方面，瞪羚企业认定显著增加了东部地区企业的税收，对中部地区企业税收的作用为正但不显著，对西部地区企业

税收的作用为负但不显著；在就业贡献方面，瞪羚企业认定对东部地区和中部地区的就业有显著的促进作用，且对中部地区瞪羚企业的促进作用略高于对东部地区瞪羚企业的促进作用，对西部地区的就业出现负向作用但不显著。瞪羚企业认定显著提高了制造业企业的税收贡献，显著增加了制造业企业、科学研究和技术服务业企业的就业贡献。

二、关于瞪羚企业认定政策对地区经济发展的影响

瞪羚企业认定政策总体上显著促进了地区经济发展，符合地方政府推行该政策的预期；与北方地区相比，瞪羚企业认定政策对南方地区经济发展的促进效应更强。从组间差异性检验结果可以看出这种差异的原因，与北方地区相比，南方地区的政府财政分权水平、科技投入水平、市场化水平对经济发展的促进作用更明显，政策实施环境更加良好，因此瞪羚企业认定政策更能促进南方地区的经济发展。

第八章

研究结论与政策建议

第一节 研究结论

瞪羚企业是规模不大但成长快、创新活跃的新群体，它们的出现和发展符合当今国家推动新旧动能转换和经济高质量发展的战略理念。为了促进瞪羚企业发展，我国各地积极开展瞪羚企业认定工作，对瞪羚企业的认定和培育予以高度重视。在这一背景下，本书围绕瞪羚企业认定政策扩散的原因及其影响展开研究。在理论上，本书建立理论模型从地方政府视角分析瞪羚企业认定政策扩散的原因，并且分别从逻辑上分析瞪羚企业认定政策影响企业迎合行为、企业创新质量、企业绩效和影响企业社会贡献、地区经济发展的作用机制。在实证上，本书具体考察瞪羚企业认定政策扩散的原因以及瞪羚企业认定政策对企业和社会的影响和作用机制。得到以下主要结论。

第一，政府内部晋升动力和外部压力显著影响瞪羚企业认定政策的扩散。

具体而言，政府换届和官员异地交流产生的内部晋升动力显著促进了瞪羚企业认定政策扩散；同级压力对瞪羚企业认定政策的扩散具有显著的促进作用，但上级压力对瞪羚企业认定政策扩散的影响不显著；影响南北方地区瞪羚企业认定政策扩散的原因不同，政府换届显著促进了北方地区瞪羚企业认定政策的扩散，但对南方地区的影响不显著；官员异地交流显著促进了南方地区瞪羚企业认定政策的扩散，但对北方地区的影响不显著；与南方地区相比，同级压力对北方地区瞪羚企业认定政策扩散的影响更大。

第二，瞪羚企业认定政策会在一定程度上导致企业产生迎合行为，但能够提升企业创新质量和企业绩效。

（一）瞪羚企业认定会使企业进行寻租和正向盈余操纵且这种影响具有异质性：从地区看，瞪羚企业认定会显著增加东部地区企业的寻租、减少中部地区企业的寻租，东、中、西部地区企业都会在瞪羚企业认定的影响下进行正向盈余操纵，且西部地区企业的正向盈余操纵幅度最大；从行业看，瞪羚企业认定会导致大部分行业企业寻租增加，其中对信息传输、软件和信息技术服务业企业，租赁和商务服务业，水利、环境和公共设施管理业，居民服务、修理和其他服务业，教育行业企业影响显著，瞪羚企业认定会导致大部分行业企业进行盈余操纵，其中农、林、牧、渔业，制造业，信息传输、软件和信息技术服务业企业，科学研究和技术服务业，居民服务、修理和其他服务业企业会正向盈余操纵显著，批发和零售业企业负向盈余操纵显著。调节效应分析发现，财政分权和市场化水平对瞪羚企业认定的影响有调节作用，财政分权程度和市场化水平越高，瞪羚企业认定会使企业进行更多寻租，但会减少企业的正向盈余操纵。（二）瞪羚企业认定能提升企业创新质量，且这种影响具有异质性：从地区看，瞪羚企业认定对东、中部地区企业的创新质量有显著促进作用，且对中部地区企业创新质量的促进作用强于东部地区企业；从行业看，瞪羚企业认定对制造业和信息传输、软件和信息技术服务业企业的创新质量有显著提升作用；中介效应分析表明，瞪羚企业认定通过增加企业人力资本、提升企业资金配置效率和盈利能力提高了企业创新质量；在市场化程度较低和专利保护程度较低的地区，瞪羚企业认定对企业创新质量的提升效应更明显，说明我国的市场化改革对企业进行高质量创新的激励有限，知识产权保护工作有待调整和优化。（三）瞪羚企业认定对企业绩效有显著促进作用，且这种影响具有异质性：瞪羚企业认定对中部地区企业绩效的提升作用高于东部地区和西部地区；瞪羚企业认定能显著提升制造业，信息传输、软件和信息技术服务业企业的资产收益率，显著改善制造业，交通运输、仓储和邮政业，信息传输、软件和信息技术服务业，科学研究和技术服务业，居民服务、修理和其他服务业企业的现金流；调节效应分析发现，市场化水平正向调节瞪羚企业认定对企业绩效的影响；中介效应分析表明，瞪羚企业认定通过缓解融资约束、提升创新质量提升企业绩效。

第三，瞪羚企业认定政策有利于提升地方经济发展，提升企业社会贡献。

（一）瞪羚企业认定政策通过提升地区创新创业产出和促进地区市场化发展推动了地区经济发展；与北方地区相比，瞪羚企业认定政策对南方地区经济发展的促进效应更强，组间差异性检验结果可以得出上述差异的原因，与北方地区相比，南方地区的政府财政分权水平、科技投入水平、市场化水平对经济发展的促进作用更明显，政策实施环境更加良好，因此瞪羚企业认定政策更能促进南方地区的经济发展。（二）瞪羚企业认定总体上提升了企业的税收贡献和就业贡献。作用机制研究表明，瞪羚企业认定通过规模效应和效率效应提高了税收贡献，通过规模效应提高了就业贡献，但是通过效率效应降低了就业贡献。市场化水平正向调节瞪羚企业认定对企业社会贡献的影响。瞪羚企业认定对企业社会贡献的影响具有显著的区域异质性，在税收贡献方面，瞪羚企业认定显著增加了东部地区企业的税收，对中部地区企业税收的作用为正但不显著，对西部地区企业税收的作用为负但不显著；在就业贡献方面，瞪羚企业认定对东部地区和中部地区的就业有显著的促进作用，且对中部地区瞪羚企业的促进作用略高于对东部地区瞪羚企业的促进作用，对西部地区的就业出现负向作用但不显著。从行业异质性看，瞪羚企业认定显著提高了制造业企业的税收贡献，显著增加了制造业企业、科学研究和技术服务业企业的就业贡献。

第二节　政策建议

一、优化政府考核机制，加强舆论监督

第一，由于政府换届和官员异地交流所产生的内部晋升动力能够显著促进瞪羚企业认定政策的扩散，所以应进一步完善我国官员政绩考核和异地交流制度。具体而言，在完善官员政绩考核制度方面，应该淡化以 GDP 为中心的"向上负责"考核标准，探索"向下负责"的考核机制，引导地方官员更加关注企业发展诉求，推动管理型政府向服务型政府转变。在完善官员异地交流制度方面，应该重视异地交流官员融入当地工作的效率，缩短其异地交流适应期，帮助其尽快了解当地企业的发展情况，从而为是否开展瞪羚企业认定做出决策。同时，为了避免官员为个人晋升而"突击"推出瞪羚企业认定政策，应该完善瞪羚企业评估制度，加强长期绩效考核，定期评估瞪羚企业认定工作的成效，以真正发挥瞪羚企业认定对经济发展的积极作用。

第二，鉴于外部压力对瞪羚企业认定政策扩散的影响，应鼓励媒体等社会力量加大对瞪羚企业认定与培育的关注，更大程度地发挥同级压力对瞪羚企业认定的正面作用。由于目前国内大多数瞪羚企业认定政策是由地级市或高新区政府率先推出，省级层面的政策制定相对滞后，中央及省级政府部门应该加强对瞪羚企业认定和培育工作的指导，出台关于瞪羚企业认定的指导性意见，引导地方政府因地制宜地开展瞪羚企业认定工作，充分发挥上级压力对地方政府瞪羚企业认定的正面影响。

二、科学制定瞪羚企业认定政策

第一，鉴于瞪羚企业认定能显著提升企业创新质量、企业绩效、企业社会贡献和地区经济产出，政府应提高对瞪羚企业认定政策的重视程度，积极开展瞪羚企业认定与培育工作。尽管瞪羚企业认定工作应由各地政府因地制宜地组织进行，但中央政府仍应出台规范瞪羚企业认定工作和促进瞪羚企业发展的指导性文件，提高社会各界对于瞪羚企业的关注，可以促进企业优化经营发展以申请瞪羚企业认定的积极性，还有助于在社会上形成关于瞪羚企业认定工作的监督力量。在瞪羚企业认定的事前、事中、事后时刻严守公平、公正、公开原则：在启动瞪羚企业认定程序之前，组建工作专班和评审专家组，根据当地经济发展特点制定科学合理的评定标准和政策细则，在征集社会意见之后进行公开；认定工作中应组织严谨、透明的评审程序，确定科学规范的评估标准，组织多领域专家和专业人才进行严谨评审，以保证认定结果的客观性；认定工作结束后，及时公示入选企业信息，接受社会监督。

第二，鉴于瞪羚企业认定政策的扩散存在区域异质性，对企业发展和社会发展的影响存在区域异质性和行业异质性，政府在制定瞪羚企业认定政策时应遵循因地制宜的原则。

考虑到政府换届显著促进北方地区瞪羚企业认定政策的扩散，而对南方地区的影响不显著，且同级压力对北方地区瞪羚企业认定政策扩散的影响更大，北方地区官员应该进一步消除"官本位"思想，认真学习习近平新时代中国特色社会主义思想，树立正确的权力观与地位观。北方地区政府应该更加重视完善瞪羚企业认定工作长期监督机制，避免地方官员在政府换届时为了"冲政绩"而盲目地进行瞪羚企业认定工作。考虑到瞪羚政策对创新质量的提升作用在中部地区最突出，国家应重点敦促中部地区各省市自治区政府认真开展瞪羚企业认定工作，在全国范围内建立瞪羚企业评审专家库共享机制，以克服中部地区可能存在的评审人才短缺的问题；由于瞪羚政策对创新质量的提升效应在企业不同生命周期阶段存在差异，政府在制定瞪羚企业配套政策时不能一刀切，而是应该针对处于导入期、增长期、成熟期阶段瞪羚企业的经营发展和组织结构特点，分别制定有侧重的扶持措施，以更好发挥瞪羚企业认定政策对企业创新质量的提升作用。考虑到瞪羚企业认定政策对企业绩效和企业社会贡献影响在东、中、西部地区的异质性，东部和中部地区政府应创新瞪羚企业培育模式，加快建设众创空间—孵化器—加速器的培育链条，为瞪羚企业提供集成式服务，不断提升瞪羚企业认定对企业绩效的边际提升作用；西部地区地府应优化财政资金分配，给予瞪羚企业培育计划更多的倾斜，激发出瞪羚企业认定政策对企业绩效的提升作用；同时，西部地区政府还应鼓励企业做好就业保障与就业培训工作，调节瞪羚企业认定政策对地区就业可能产生的负面影响。从行业层面来看，地方政府应结合国家推动新旧动能转换和促进经济高质量发展的战略导向，对制造业，信息传输、软件和信息技术服务业等高新产业提供专项支持，助力其绩效快速增长；针对企业社会贡献显著增加的行业数不多的情况，政府应该减少对财税手段的依赖，利用政府的角色优势为企业提供更多的信息服务、人才交流等其他方面的支持，建立更多维的政策体系，以减轻对税收造成过多负面影响。

三、继续推进市场化改革

即使在市场化程度较高的地区，企业从市场化改革中的获益还不足以激励他们进行高质量创新活动，这说明我国市场化进程还有待继续推进。对于政府来说，应推动要素市场发育，逐步形成由市场决定要素价格、要素价格倒逼企业创新的机制；完善企业创新服务体系，发展技术交易市场，为企业进行高质量创新提供来自市场的激励；建立健全符合国际规则的政府采购制度和政策，鼓励政府以首购、订购、招标购买等方式对瞪羚企业进行创新产品和服务采购。应优化瞪羚企业的融资环境，优化竞价交易制度和退市制度，提高瞪羚企业在新三板市场的融资效率，缓解瞪羚企业融资约束以提升企业绩效。鼓励市场中介机构和高技术行业协会的发展，借助委托管理等方式充分释放中介机构的作用，发挥市场的自我协调能力与组织能力。提高市场交易透明度，尤其应该完善人才市场体系和风险投资体系，提高资源配置效率。

四、加强企业审计，提高企业信息披露程度

对于瞪羚企业认定政策可能导致的企业寻租和盈余操纵行为，可以采取以下措施：细化会计信息披露和审计条例，规范企业会计信息的披露操作，对与企业寻租行为可能相关的差旅费、会议费、招待费等费用，要求企业进行强制性披露，并敦促相关部门对此类强制性披露信息进行重点监管，制定严格的问责与处罚措施，提高企业寻租的违法成本；尝试实行第三方审计制度，对企业真实盈利状况进行评估，提高暴露寻租和盈余操纵的风险；充分利用会计信息与会计相关信息之间的逻辑关联，对企业财务报表表内信息、财务报表附注信息、与财务报表相关的文字表述进行印证检查，提高企业利用会计手段操纵盈余的难度，增强企业会计报表的透明度和可信度。

第三节　研究不足与展望

本书仍存在一些不足与不全面之处，有待在今后研究中继续改进，主要包括以下两个方面：

第一，虽然本书在实证研究中运用多种稳健性检验方法，但目前未找到关于核心解释变量的合适工具变量。随着未来瞪羚企业研究的不断深入，可以继续探索能替代瞪羚企业认定的有效工具变量，从而增强结论稳健性，进一步增加研究结论的可信度。

第二，本书是建立在中国瞪羚网（https：//www. chinagazelle. cn）、CCER 数据库等二手数据基础上的实证研究，由于疫情防控所限，未能结合企业调研和政府访谈的方法开展研究。未来可以对瞪羚企业进行实地调查和访谈调研，与政府相关部门开展访谈，利用一手数据进一步地研究，从而得到更有价值的政策启示。

附　录

各省份瞪羚企业认定政策 PMC 曲面图

江苏省瞪羚企业认定政策PMC曲面图

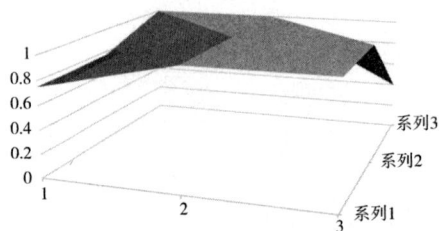

图1　江苏省

江西省瞪羚企业认定政策PMC曲面图

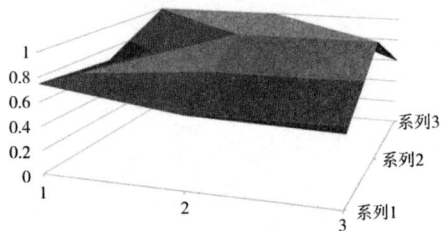

图2　江西省

山东省瞪羚企业认定政策PMC曲面图

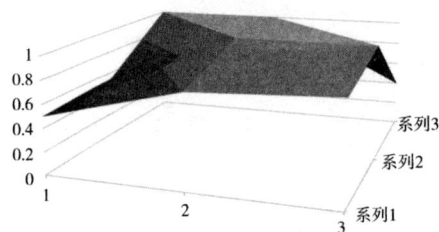

图3　山东省

四川省瞪羚企业认定政策PMC曲面图

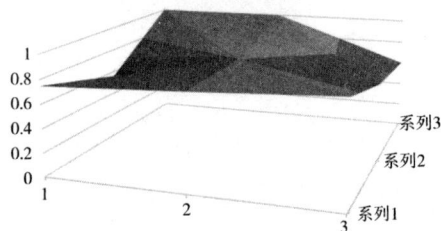

图4　四川省

海南省瞪羚企业认定政策PMC曲面图

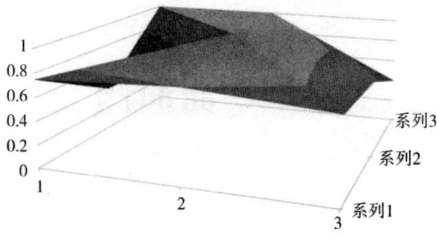

图 5 海南省

河南省瞪羚企业认定政策PMC曲面图

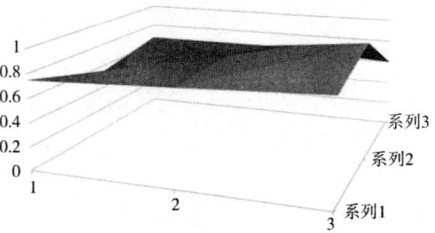

图 6 河南省

陕西省瞪羚企业认定政策PMC曲面图

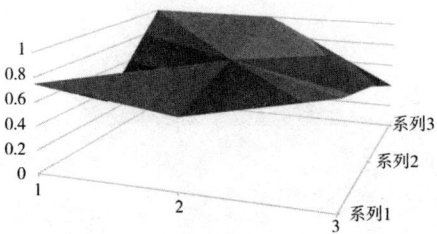

图 7 陕西省

广西壮族自治区瞪羚企业认定政策PMC曲面图

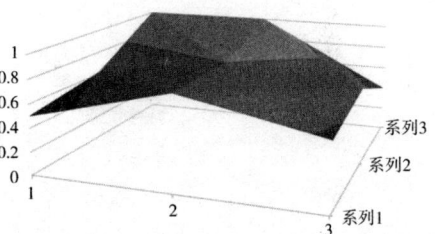

图 8 广西壮族自治区

浙江省瞪羚企业认定政策PMC曲面图

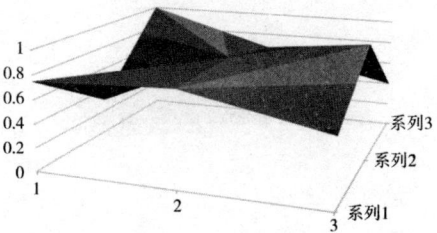

图 9 浙江省

福建省瞪羚企业认定政策PMC曲面图

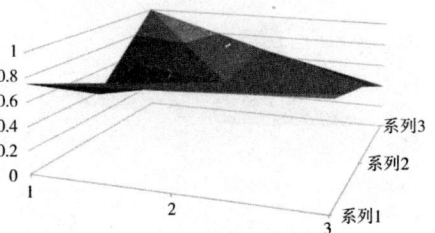

图 10 福建省

湖北省瞪羚企业认定政策PMC曲面图

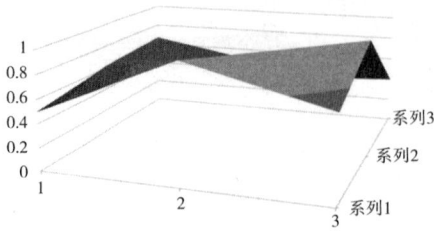

图 11　湖北省

辽宁省瞪羚企业认定政策PMC曲面图

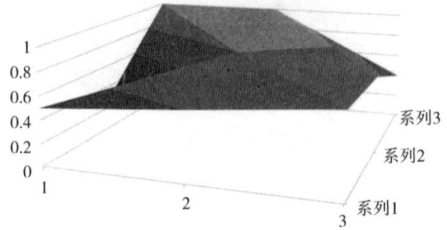

图 12　辽宁省

广东省瞪羚企业认定政策PMC曲面图

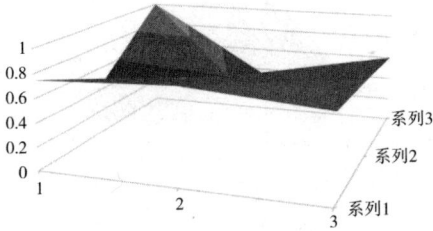

图 13　广东省

重庆市瞪羚企业认定政策PMC曲面图

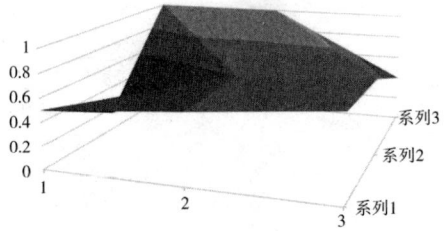

图 14　重庆市

河北省瞪羚企业认定政策PMC曲面图

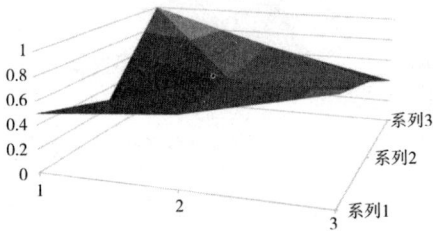

图 15　河北省

湖南省瞪羚企业认定政策PMC曲面图

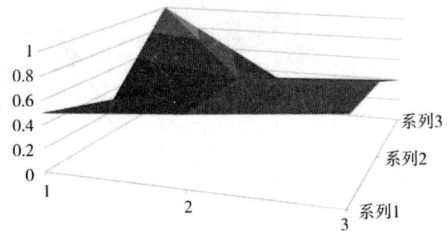

图 16　湖南省

天津市瞪羚企业认定政策PMC曲面图

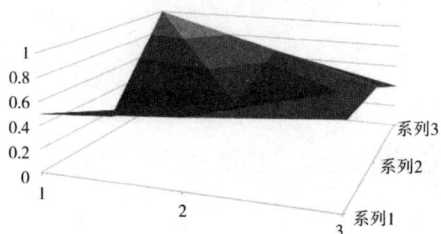

图 17　天津市

安徽省瞪羚企业认定政策PMC曲面图

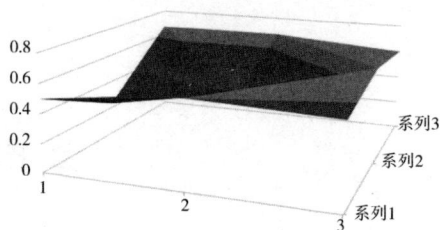

图 18　安徽省

北京市瞪羚企业认定政策PMC曲面图

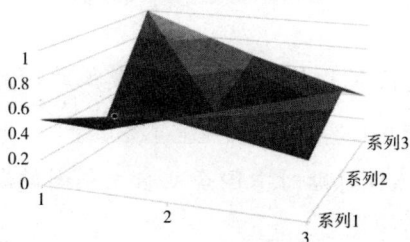

图 19　北京市

上海市瞪羚企业认定政策PMC曲面图

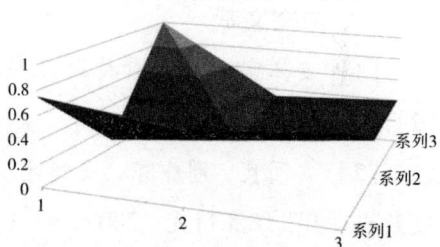

图 20　上海市

云南苏省瞪羚企业认定政策PMC曲面图

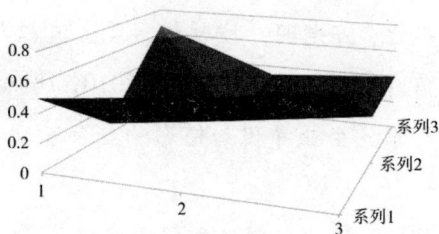

图 21　云南省

参考文献

一、中文文献

[1] 安体富. 如何看待近几年我国税收的超常增长和减税的问题 [J]. 税务研究, 2002 (8).

[2] 安同良, 周少东, 皮建才. R&D 补贴对中国企业自主创新的激励效应 [J]. 经济研究, 2009, 44 (10).

[3] 步丹璐, 黄杰. 企业寻租与政府的利益输送: 基于京东方的案例分析 [J]. 中国工业经济, 2013 (6).

[4] 蔡春, 谢柳芳, 马可哪呐. 高管审计背景、盈余管理与异常审计收费 [J]. 会计研究, 2015 (3).

[5] 曹裕, 陈晓红, 万光羽. 控制权、现金流权与公司价值: 基于企业生命周期的视角 [J]. 中国管理科学, 2010, 18 (3).

[6] 陈骏, 徐捍军. 企业寻租如何影响盈余管理 [J]. 中国工业经济, 2019 (12).

[7] 成全, 董佳, 陈雅兰. 创新型国家战略背景下的原始性创新政策评价 [J]. 科学学研究, 2021, 39 (12).

[8] 戴魁早, 刘友金. 行业市场化进程与创新绩效: 中国高技术产业的经验分析 [J]. 数量经济技术经济研究, 2013 (9).

[9] 董纪昌, 袁铨, 尹利君, 等. 基于 PMC 指数模型的单项房地产

政策量化评价研究：以我国"十三五"以来住房租赁政策为例 [J]. 管理评论, 2020, 32 (5).

[10] 杜瑞, 李延喜. 企业研发活动与盈余管理：微观企业对宏观产业政策的适应性行为 [J]. 科研管理, 2018, 39 (3).

[11] 樊丽明, 张斌. 经济增长与税收收入的关联分析 [J]. 经济研究, 2000 (2).

[12] 樊霞, 吴进. 基于文本分析的我国共性技术创新政策研究 [J]. 科学学与科学技术管理, 2014, 35 (8).

[13] 范子英, 田彬彬. 税收竞争、税收执法与企业避税 [J]. 经济研究, 2013 (9).

[14] 丰景春, 李晟, 罗豪, 等. 政策工具视角下我国 BIM 政策评价研究 [J]. 软科学, 2020, 34 (3).

[15] 傅晓霞, 吴利学. 技术效率、资本深化与地区差异：基于随机前沿模型的中国地区收敛分析 [J]. 经济研究, 2006 (10).

[16] 顾元媛, 沈坤荣. 地方政府行为与企业研发投入：基于中国省际面板数据的实证分析 [J]. 中国工业经济, 2012 (10).

[17] 韩超, 肖兴志, 李姝. 产业政策如何影响企业绩效：不同政策与作用路径是否存在影响差异？[J]. 财经研究, 2017 (1).

[18] 韩乾, 洪永淼. 国家产业政策、资产价格与投资者行为 [J]. 经济研究, 2014, 49 (12).

[19] 何靖. 延付高管薪酬对银行风险承担的政策效应：基于银行盈余管理动机视角的 PSM-DID 分析 [J]. 中国工业经济, 2016 (11).

[20] 胡峰, 戚晓妮, 汪晓燕. 基于 PMC 指数模型的机器人产业政策量化评价：以 8 项机器人产业政策情报为例 [J]. 情报杂志, 2020, 39 (1).

[21] 胡海青, 李浩. 加速器支持、环境动态性与瞪羚企业突破式创新 [J]. 科研管理, 2015 (12).

［22］胡军，郭峰．企业寻租、官员腐败与市场分割［J］．经济管理，2013（11）．

［23］黄安胜，章子豪，朱春奎．中国科技特派员制度的扩散分析：基于省际扩散的实证［J］．软科学，2020（11）．

［24］黄萃，任弢，张剑．政策文献量化研究：公共政策研究的新方向［J］．公共管理学报，2015，12（2）．

［25］黄宏斌，翟淑萍，陈静楠．企业生命周期、融资方式与融资约束：基于投资者情绪调节效应的研究［J］．金融研究，2016（7）．

［26］黄玖立，李坤望．吃喝、腐败与企业订单［J］．经济研究，2013（6）．

［27］纪陈飞，吴群．基于政策量化的城市土地集约利用政策效率评价研究：以南京市为例［J］．资源科学，2015，37（11）．

［28］贾俊雪，郭庆旺，赵旭杰．地方政府支出行为的周期性特征及其制度根源［J］．管理世界，2012（2）．

［29］江飞涛，李晓萍．直接干预市场与限制竞争：中国产业政策的取向与根本缺陷［J］．中国工业经济，2010（9）．

［30］江维琳，李琪琦，向锐．董事会特征与公司盈余管理水平：基于中国民营上市公司面板数据［J］．软科学，2011（5）．

［31］江伟，胡玉明，吕喆．应计盈余管理影响企业的成本粘性吗？［J］．南开管理评论，2015（2）．

［32］康志勇．赶超行为、要素市场扭曲对中国就业的影响：来自微观企业的数据分析［J］．中国人口科学，2012（1）．

［33］黎文靖，郑曼妮．实质性创新还是策略性创新？——宏观产业政策对微观企业创新的影响［J］．经济研究，2016（4）．

［34］李贲，吴利华．开发区设立与企业成长：异质性与机制研究［J］．中国工业经济，2018（4）．

［35］李长英，汪蕾．瞪羚企业认定如何影响了企业绩效及其社会

贡献 [J]. 华中师范大学学报（人文社会科学版），2022，61（2）.

[36] 李春涛，宋敏，张璇. 分析师跟踪与企业盈余管理：来自中国上市公司的证据 [J]. 金融研究，2014（7）.

[37] 李欢欢，顾丽梅. 垃圾分类政策试点扩散的逻辑分析：基于中国 235 个城市的实证研究 [J]. 中国行政管理，2020（8）.

[38] 李健，张文婷. 政府购买服务政策扩散研究：基于全国 31 省数据的事件史分析 [J]. 中国软科学，2019（5）.

[39] 李丽，陈佳波，李朝鲜，等. 中国服务业发展政策的测量、协同与演变：基于 1996—2018 年政策数据的研究 [J]. 中国软科学，2020（7）.

[40] 李平，江飞涛，王宏伟. 重点产业政策调整振兴规划与政策取向探讨 [J]. 宏观经济研究，2010（11）.

[41] 李世刚，尹恒. 寻租导致的人才误置的社会成本有多大？[J]. 经济研究，2014（7）.

[42] 李艳丽，赵大丽，高伟. 市场化改革、知识转移与区域创新能力研究 [J]. 软科学，2012（4）.

[43] 李智超. 政策试点推广的多重逻辑：基于我国智慧城市试点的分析 [J]. 公共管理学报，2019，16（3）.

[44] 廖冠民，张广婷. 盈余管理与国有公司高管晋升效率 [J]. 中国工业经济，2012（4）.

[45] 刘慧龙，王成方，吴联生. 决策权配置、盈余管理与投资效率 [J]. 经济研究，2014（8）.

[46] 刘琼，职朋，佴玲莉，等. 住房限购政策扩散：内部诉求还是外部压力 [J]. 中国土地科学，2019（2）.

[47] 卢洪友，张楠. 地方政府换届、税收征管与税收激进 [J]. 经济管理，2016（2）.

[48] 陆瑶，施新政，刘璐瑶. 劳动力保护与盈余管理：基于最低

工资政策变动的实证分析 [J]. 管理世界, 2017 (3).

[49] 逯东, 朱莉. 市场化程度、战略性新兴产业政策与企业创新 [J]. 产业经济研究, 2018 (2).

[50] 罗琦, 王悦歌. 真实盈余管理与权益资本成本: 基于公司成长性差异的分析 [J]. 金融研究, 2015 (5).

[51] 马亮. 政府信息技术创新的扩散机理研究 [J]. 公共行政评论, 2012, 5 (5).

[52] 毛其淋, 徐家云. 政府补贴、异质性与企业风险承担 [J]. 经济学 (季刊), 2016 (4).

[53] 彭纪生, 仲为国, 孙文祥. 政策测量、政策协同演变与经济绩效: 基于创新政策的实证研究 [J]. 管理世界, 2008 (9).

[54] 钱爱民, 张晨宇, 步丹璐. 宏观经济冲击、产业政策与地方政府补助 [J]. 产业经济研究, 2015 (5).

[55] 申宇, 傅立立, 赵静梅. 市委书记更替对企业寻租影响的实证研究 [J]. 中国工业经济, 2015 (9).

[56] 盛来运, 郑鑫, 周平, 等. 我国经济发展南北差距扩大的原因分析 [J]. 管理世界, 2018 (9).

[57] 史宇鹏, 顾全林. 知识产权保护、异质性企业与创新: 来自中国制造业的证据 [J]. 金融研究, 2013 (8).

[58] 宋凌云, 王贤彬. 重点产业政策、资源重置与产业生产率 [J]. 管理世界, 2013 (12).

[59] 宋岩, 滕萍萍, 秦昌才. 企业社会责任与盈余管理: 基于中国沪深股市 A 股制造业上市公司的实证研究 [J]. 中国管理科学, 2017 (5).

[60] 孙健, 王百强, 曹丰, 等. 公司战略影响盈余管理吗? [J]. 管理世界, 2016 (3).

[61] 孙经纬. 詹姆斯赫克曼和丹尼尔麦克法登的学术贡献 [J].

外国经济与管理, 2000, 25 (11).

[62] 孙早, 刘李华, 孙亚政. 市场化程度、地方保护主义与 R&D 溢出效应: 来自中国工业的经验证据 [J]. 管理世界, 2014 (8).

[63] 唐诗, 包群. 主导产业政策促进了企业绩效的增长吗? —— 基于外溢视角的经验分析 [J]. 世界经济研究, 2016 (9).

[64] 童光荣, 高杰. 政府 R&D 支出的就业乘数效应研究 [J]. 中国软科学, 2004 (8).

[65] 万华林, 陈信元. 治理环境、企业寻租与交易成本: 基于中国上市公司非生产性支出的经验证据 [J]. 经济学 (季刊), 2010, 9 (2).

[66] 汪蕾, 张剑虎. 瞪羚企业认定是否提高了企业创新质量 [J]. 科技进步与对策, 2021, 38 (8).

[67] 王帮俊, 朱荣. 产学研协同创新政策效力与政策效果评估: 基于中国 2006—2016 年政策文本的量化分析 [J]. 软科学, 2019, 33 (3).

[68] 王进富, 杨青云, 张颖颖. 基于 PMC-AE 指数模型的军民融合政策量化评价 [J]. 情报杂志, 2019, 38 (4).

[69] 王康, 李逸飞, 李静, 等. 孵化器何以促进企业创新? —— 来自中关村科技园的微观证据 [J]. 管理世界, 2019 (11).

[70] 王克敏, 刘博. 公司控制权转移与盈余管理研究 [J]. 管理世界, 2014 (7).

[71] 王克敏, 刘静, 李晓溪. 产业政策、政府支持与公司投资效率研究 [J]. 管理世界, 2017 (3).

[72] 王浦劬, 赖先进. 中国公共政策扩散的模式与机制分析 [J]. 北京大学学报 (哲学社会科学版), 2013, 50 (6).

[73] 王薇, 刘云. 基于内容分析法的我国新能源汽车产业发展政策分析 [J]. 科研管理, 2017, 38 (S1).

[74] 王玉荣, 聂春红, 杨震宁, 等. 创新信息和市场导向对企业创新绩效的影响 [J]. 科学学与科学技术管理, 2014 (8).

[75] 魏下海, 董志强, 金钊. 腐败与企业生命力: 寻租和抽租影响开工率的经验研究 [J]. 世界经济, 2015, 38 (1).

[76] 魏志华, 吴育辉, 曾爱民. 寻租、财政补贴和公司成长性: 来自新能源概念类上市公司的实证证据 [J]. 经济管理, 2015 (1).

[77] 文雁兵. 新官上任三把火: 存在中国式政治经济周期吗? [J]. 财贸经济, 2014 (11).

[78] 吴超鹏, 唐菂. 知识产权保护执法力度、技术创新与企业绩效: 来自中国上市公司的证据 [J]. 经济研究, 2016 (10).

[79] 吴卫红, 盛丽莹, 唐方成, 张爱美. 基于特征分析的制造业创新政策量化评价 [J]. 科学学研究, 2020, 38 (12).

[80] 邢会, 王飞, 高素英. 战略性新兴产业政策促进企业实质性创新了吗? ——基于 "寻租" 调节效应的视角 [J]. 产经评论, 2019, 10 (1).

[81] 解佳龙, 李雯, 雷殷. 国家自主创新示范区科技人才政策文本计量研究: 以京汉沪三大自创区为例 (2009—2018 年) [J]. 中国软科学, 2019 (4).

[82] 徐雷, 赵丰义, 赵迁. 寻租对企业增长的影响渠道与地区差异比较 [J]. 软科学, 2017 (9).

[83] 徐盈之, 赵豫. 中国信息制造业全要素生产率变动、区域差异与影响因素研究 [J]. 中国工业经济, 2007 (10).

[84] 许成钢. 官僚体制中的激励机制问题 [J]. 经济学报, 2017, 4 (2).

[85] 许宪春, 雷泽坤, 窦园园, 等. 中国南北平衡发展差距研究: 基于 "中国平衡发展指数" 的综合分析 [J]. 中国工业经济, 2021 (2).

[86] 燕志雄, 张敬卫, 费方域. 代理问题、风险基金性质与中小

高科技企业融资 [J]. 经济研究, 2016 (9).

[87] 杨德明, 赵璨, 曹伟. 寻租与企业绩效:"绊脚石"还是"润滑剂" [J]. 财贸经济, 2017, 38 (1).

[88] 杨国超, 刘静, 廉鹏, 等. 减税激励、研发操纵与研发绩效 [J]. 经济研究, 2017, 52 (8).

[89] 杨良松. 中国干部管理体制减少了地方政府教育支出吗?——来自省级官员的证据 [J]. 公共管理学报, 2013 (2).

[90] 杨明洪, 黄平. 南北差距中的结构效应及空间差异性测度 [J]. 经济问题探索, 2020 (5).

[91] 杨兴全, 尹兴强, 孟庆玺. 谁更趋多元化经营:产业政策扶持企业抑或非扶持企业? [J]. 经济研究, 2018 (9).

[92] 杨以文, 周勤, 李卫红. 创新型企业试点政策对企业创新绩效的影响:来自微观企业的经验证据 [J]. 经济评论, 2018 (1).

[93] 姚洋, 张牧扬. 官员绩效与晋升锦标赛:来自城市数据的证据 [J]. 经济研究, 2014 (1).

[94] 姚战琪, 夏杰长. 资本深化、技术进步对中国就业效应的经验分析 [J]. 世界经济, 2005, (1): 58-67.

[95] 叶康涛, 臧文娇. 外部监督与企业费用归类操纵 [J]. 管理世界, 2016 (1).

[96] 于忠泊, 田高良, 齐保垒, 等. 媒体关注的公司治理机制:基于盈余管理视角的考察 [J]. 管理世界, 2011 (9).

[97] 余明桂, 范蕊, 钟慧洁. 中国产业政策与企业技术创新 [J]. 中国工业经济, 2016 (12).

[98] 余明桂, 回雅甫, 潘红波. 政治联系、寻租与地方政府财政补贴有效性 [J]. 经济研究, 2010 (3).

[99] 张剑, 黄萃, 叶选挺, 等. 中国公共政策扩散的文献量化研究:以科技成果转化政策为例 [J]. 中国软科学, 2016 (2).

[100] 张杰，郑文平. 创新追赶战略抑制了中国专利质量么？[J].经济研究，2018（5）.

[101] 张杰，周晓艳，李勇. 要素市场扭曲抑制了中国企业 R&D？[J].经济研究，2011（8）.

[102] 张军，高远. 官员任期、异地交流与经济增长：来自省级经验的证据 [J].经济研究，2007（11）.

[103] 张克. 西方公共政策创新扩散：理论谱系与方法演进 [J].国外理论动态，2017（4）.

[104] 张敏，刘耀淞，王欣，等. 企业与税务局为邻：便利避税还是便利征税？[J].管理世界，2018（5）.

[105] 张璇，刘贝贝，汪婷，等. 信贷寻租、融资约束与企业创新 [J].中国工业经济，2017（5）.

[106] 张永安，郄海拓. "大众创业、万众创新"政策量化评价研究：以 2017 的 10 项双创政策情报为例 [J].情报杂志，2018，37（3）.

[107] 章亚南，宋华明，孙小勇. 创新型园区评价指标体系构建及对策研究 [J].技术经济与管理研究，2011（6）.

[108] 赵璨，王竹泉，杨德明，等. 企业迎合行为与政府补贴绩效研究：基于企业不同盈利状况的分析 [J].中国工业经济，2015（7）.

[109] 赵坚. 我国自主研发的比较优势与产业政策：基于企业能力理论的分析 [J].中国工业经济，2008（8）.

[110] 赵蜀蓉，陈绍刚，王少卓. 委托代理理论及其在行政管理中的应用研究述评 [J].中国行政管理，2014（12）.

[111] 周黎安，陈烨. 中国农村税费改革的政策效果：基于双重差分模型的估计 [J].经济研究，2005（8）.

[112] 周黎安. 中国地方官员的晋升锦标赛模式研究 [J].经济研究，2007（7）.

[113] 周夏飞，周强龙. 产品市场势力、行业竞争与公司盈余管

理：基于中国上市公司的经验证据 [J]. 会计研究, 2014 (8).

[114] 周煊, 程立茹, 王皓. 技术创新水平越高企业财务绩效越好吗? ——基于 16 年中国制药上市公司专利申请数据的实证研究 [J]. 金融研究, 2012 (8).

[115] 朱多刚, 郭俊华. 专利资助政策的创新与扩散：面向中国省份的事件史分析 [J]. 公共行政评论, 2016 (5).

[116] 朱旭峰, 赵慧. 政府间关系视角下的社会政策扩散：以城市低保制度为例 (1993—1999) [J]. 中国社会科学, 2016 (8).

[117] 朱勇, 张宗益. 技术创新对经济增长影响的地区差异研究 [J]. 中国软科学, 2005 (11).

[118] 祝鑫梅, 余晓, 卢宏宇. 中国标准化政策演进研究：基于文本量化分析 [J]. 科研管理, 2019, 40 (7).

[119] 邹洋, 叶金珍, 李博文. 政府研发补贴对企业创新产出的影响：基于中介效应模型的实证分析 [J]. 山西财经大学学报, 2019, 41 (1).

英文文献

(一) 专 著

[1] BIRCH D. *The Job Generation Process* [M]. Cambridge：Massachusetts Institute of Technology, 1979.

[2] ROGERS E M. *Diffusion of Innovations* [M]. New York：Free Press, 2003.

[3] SCHUMPETER J. *Capitalism, Socialism and Democracy* [M]. New York：Harper and Row, 1942.

(二) 期 刊

[1] ACS Z J, MUELLER P. Employment Effects of Business Dynamics：Mice, Gazelles and Elephants [J]. *Small Business Economics*, 2008, 30

(1).

[2] ADIT T S, DUTTA J. Policy Compromises: Corruption and Regulation in a Democracy [J]. *Economics & Politicas*, 2008, 20 (3).

[3] AGHION P, CAI J, DEWATRIPONT M, et al. Industrial Policy and Competition [J]. *American Economic Journal: Macroeconomics*, 2015, 7 (4).

[4] AGUSTI S T. High-growth Firms and Innovation: An Empirical Analysis for Spanish Firms [J]. *Small Business Economics*, 2014, 43.

[5] AKCIGIT U, BASLANDZE S, STANTCHEVA S. Taxation and the International Mobility of Inventors [J]. *American Economic Review*, 2016, 106 (10).

[6] AKERLOF G A. The Market for "Lemons": Qualitative Uncertainty and the Market Mechanism [J]. *Quarterly Journal of Economics*, 1970 (84).

[7] ALEX C, STJEPAN S. Catching Gazelles with a Lasso: Big Data Techniques for the Prediction of High-growth Firms [J]. *Small Business Economics*, 2020, 55.

[8] ANDERSSON S, TELL J. The Relationship between the Manager and Growth in Small Firms [J]. *Journal of Small Business and Enterprise Development*, 2009, 16.

[9] ARRIGHETTI A, LASAGNI A. Assessing the Determinants of High-growth Manufacturing Firms in Italy [J]. *International Journal of the Economics of Business*, 2013, 20 (2).

[10] AUDRETSCH D B, SANTARELLI E, VIVARELLI M. Start-up Size and Industrial Dynamics: Some Evidence from Italian Manufacturing [J]. *International Journal of Industrial Organization*, 1999, 17.

[11] BARTOV E. The Timing of Asset Sales and Earning Manipulation

[J]. *The Accounting Review*, 1993, 68 (4).

[12] BECK T, DEMIRGUC-KUNT A, MAKSIMOVIC V. Financial and Legal Constraints to Growth: Does Firm Size Matter? [J]. *Journal of Finance*, 2005, 60.

[13] BECK T, ROSS L, ALEXEY L. Big Bad Banks? The Winners and Losers from Bank Deregulation in the United States [J]. *Journal of Finance*, 2010, 65 (5).

[14] BELLONI A, CHERNOZHUKHOV V, HANSEN C. High Dimensional Methods and Inference on Structural and Treatment Effects [J]. *Journal of Economic Perspectives*, 2014, 28 (2).

[15] BERRY F S, BERRY W D. State Lottery Adoptions as Policy Innovations: An Event History Analysis [J]. *The American Political Science Review*, 1990, 84 (2).

[16] BERTRAND M, DUFLO E, MULLAINATHAN S. How Much Should We Trust Differences-in- differences Estimates? [J]. *The Quarterly Journal of Economics*, 2004, 119 (1).

[17] BESHAROV M L, SMITH W K. Multiple Institutional Logics in Organizations: Explaining their Varied Nature and Implications [J]. *Academy of Management Review*, 2014, 39 (3).

[18] BLACK L B, SELLERS K F, MANLY T S. Earnings Management Using Asset Sales: An International Study of Countries Allowing Noncurrent Asset Revaluation [J]. *Journal of Business Finance & Accounting*, 1998, 25 (9).

[19] BOS J W, STAM E. Gazelles and Industry Growth: A Study of Young High-Growth Firms in the Netherlands [J]. *Industrial and Corporate Change*, 2014, 23 (1).

[20] BROWN R, MASON C. Raising the Batting Average: Re-

orienting Regional Industrial Policy to Generate More High Growth Firms [J]. *Local Economy*, 2012, 27.

[21] BROWN R, MAWSON S. The Geography of Job Creation in High-growth Firms: The Implications of 'Growing Abroad' [J]. *Environment and Planning C: Government and Policy*, 2015, 16 (2).

[22] BUSENITZ L, WES G, SHEPHERD D, et al. Entrepreneurship Research in Emergence: Past Trends and Future Directions [J]. *Journal of Management*, 2003, 29 (3).

[23] BUSSO M, GREGORY J, KLINE P. Assessing the Incidence and Efficiency of a Prominent Place Based Policy [J]. *American Economic Review*, 2013, 103 (2).

[24] CABRAL L, MATA J. On the Evolution of the Firm Size Distribution: Facts and Theory [J]. *American Economic Review*, 2003, 93 (4).

[25] CAI H, FANG H, XU L C. Eat, Drink, Firms, Government: An Investigation of Corruption from the Entertainment and Travel Costs of Chinese Firms [J]. *The Journal of Law and Economics*, 2011, 54 (1).

[26] CAI H, TREISMAN D. Does Competition for Capital Discipline Governments? Decentralization, Globalization and Public Policy [J]. *The American Economic Review*, 2005, 95 (3).

[27] CALLAHAN C M, VENDRZYK V P, BUTLER M G. The Impact of Implied Facilities Cost of Money Subsidies on Capital Expenditures and the Cost Debt in the Defense Industry [J]. *Journal of Accounting and Public and Policy*, 2012, 31 (3).

[28] CHURCHILL N C, MULLINS J W. How Fast Can Your Company Afford to Grow? [J]. *Harvard Business Review*, 2001, 79 (5).

[29] COAD A, DAUNFELDT S O, JOHANSSON D, et al. Whom Do High-growth Firms Hire? [J]. *Industrial and Corporate Change*, 2014, 12 (1).

[30] COAD A, SRHOJ S. Catching Gazelles with a Lasso: Big Data Techniques for the Prediction of High-growth Firms [J]. *Small Business Economics*, 2020 (55).

[31] COLIN M. Creating Good Public Policy to Support High Growth Firms [J]. *Small Business Economics*, 2011 (2).

[32] DAUNFELDT S O, ELERT N, JOHANSSON D. Are High-growth Firms Overrepresented in High-tech Industries? [J]. *Industrial and Corporate Change*, 2015, 25 (1).

[33] DAVIDSSON P, HENREKSON M. Determinants of the Prevalance of Start-ups and High-growth Firms [J]. *Small Business Economics*, 2002, 19 (2).

[34] DEGEORGE F, PATEL J, ZECKHAUSER R. Earnings Management to Exceed Thresholds [J]. *Journal of Business*, 1999, 72 (1).

[35] DELMAR F, DAVIDSSON P, GARTNER W B. Arriving at the High-growth Firm [J]. *Journal of Business Venturing*, 2003, 18 (2).

[36] DE-LOECKER J. Do Exports Generate Higher Productivity? Evidence from Slovenia [J]. *Journal of International Economics*, 2007, 73 (1).

[37] DENIS D J, DENIS D K. Performance Changes Following Top Management Dismissals [J]. *The Journal of Finance*, 1995, 50 (9).

[38] DIMAGGIO P J, POWELL W W. The Iron Cage Revisited: Institutional Isomorphism and Collective Rationality in Organizational Fields [J]. *American Sociological Review*, 1983, 48 (2).

[39] DISNEY R, HASKAL J, HEDEN Y. Restructuring and Productivity Growth in UK Manufacturing [J]. *The Economic Journal*, 2003, 113.

[40] DOSI G, MARENGO L, PASQUALI C. How Much Should Society Fuel the Greed of Innovators? On the Relations between Appropriability, Opportunities and Rates of Innovation [J]. *Research Policy*, 2006, 35 (8).

［41］EILEEN F, REBECCA R A. Support for Rapid-growth Firms: A Comparison of the Views of Founders, Government Policymakers, and Private Sector Resource Providers ［J］. *Journal of Small Business Management*, 2003, 41 (4).

［42］ESTRADA M A R, PARK D. The Past, Present and Future of Policy Modeling ［J］. *Journal of Policy Modeling*, 2018, 40 (1).

［43］FALLICK B, FLEISCHMAN C A, REBITZER J B. Job-hopping in Silicon Valley: Some Evidence Concerning the Microfoundations of a High-technology Cluster ［J］. *Review of Economics and Statistics*, 2006 (88).

［44］FELDMAN M A, FRANCIS J, BERCOVITZ J. Creating a Cluster While Building a Firm: Entrepreneurs and the Formation of Industrial Clusters ［J］. *Regional Studies*, 2005, 39.

［45］Fischer E, Reuber A. Support for Rapid-growth Firms: A Comparison of the Views of Founders, Government Policymakers, and Private Sector Resource Providers ［J］. *Journal of Small Business Management*, 2003 (41).

［46］GALLAGHER C, MILLER P. New Fast-growing Companies Create Jobs ［J］. *Long Range Planning*, 1991 (24).

［47］GARMAISE M J. Ties that Truly Bind: Noncompetition Agreements, Executive Compensation and Firm Investment ［J］. *Journal of Law, Economics, and Organization*, 2011, 27 (2).

［48］GARNSEY E, STAM E, HEFFERNAN P. New Firm Growth: Exploring Processes and Paths ［J］. *Industry and Innovation*, 2006 (13).

［49］GOEDHUYS M, SLEUWAEGEN L. High-growth Entrepreneurial Firms in Africa: A Quantile Regression Approach ［J］. *Small Business Economics*, 2010 (34).

［50］HALL B H, HARHOFF D. Recent Research on the Economics of

Patents [J]. *Annual Review of Economics*, 2012, 4 (1).

[51] HALL B H. The Relationship between Firm Size and Firm Growth in the US Manufacturing Sector [J]. *Journal of Industrial Economics*, 1987, 35 (4).

[52] HAN S K. Mimetic Isomorphism and Its Effect on the Audit Services Market [J]. *Social Forces*, 1994, 73 (2).

[53] HAND J R M. Did Firms Undertake Debt-equity Swaps for an Accounting Paper Profit of True Financial Gain? [J]. *The Accounting Review*, 1989, 64 (4).

[54] HECKMAN J J. Sample Selection Bias as a Specification Error [J]. *Econometrica: Journal of The Econometric Society*, 1979 (1).

[55] HELI K P. The Role of Business Subsidies in Job Creation of Start - ups, Gazelles and Incumbents [J]. *Small Business Economics*, 2013, 41.

[56] HENREKSON M, JOHANSSON D. Gazelles as Job Creators: A Survey and Interpretation of the Evidence [J]. *Small Business Economics*, 2010, 35.

[57] HÖZL W. Persistence, Survival and Growth: A Closer Look at 20 Years of Fast-growing Firms in Austria [J]. *Industry and Corporate Change*, 2014, 23 (1).

[58] HSU P H, TIAN X, XU Y. Financial Development and Innovation: Cross-country Evidence [J]. *Journal of Financial Economics*, 2014, 112 (1).

[59] HUTTON W, LEE N. The City and the Cities: Ownership, Finance and the Geography of Recovery [J]. *Cambridge Journal of the Regions, Economy and Society*, 2012 (5).

[60] JIN H, QIAN Y, WEINGAST B R. Regional Decentralization and

Fiscal Incentives: Federalism, Chinese Style [J]. *Journal of Public Economics*, 2005, 89 (9).

[61] JOHN K, LITOV L, YEUNG B. Corporate Governance and Risk-taking [J]. *The Journal of Finance*, 2008, 63 (4).

[62] KEEN M, MARCHAND M. Fiscal Competition and The Pattern of Public Spending [J]. *Journal of Public Economics*, 1997 (66).

[63] KLAPPER L, LAEVEN L, RAJAN R. Entry Regulation as a Barrier to Entrepreneurship [J]. *Journal of Financial Economics*, 2006, 82 (3).

[64] LEE N. What Holds Back High-growth Firms? Evidence from UK SMEs [J]. *Small Business Economics*, 2014, 43 (1).

[65] LERNER J. The Government as Venture Capitalist: the Long-run Impact of the SBIR Program [J]. *The Journal of Private Equity*, 2000, 3 (2).

[66] LI H, MENG L, WANG Q, et al. Political Connections, Financing and Firm Performance: Evidence from Chinese Private Firms [J]. *Journal of Development Economics*, 2008, 87 (2).

[67] LI H, ZHOU L. Political Turnover and Economic Performance: The Incentive Role of Personnel Control in China [J]. *Journal of Public Economics*, 2005, 89 (9-10).

[68] LIEBERMAN M B, ASABA S. Why Do Firms Imitate Each Other [J]. *Academy of Management Review*, 2006, 31 (2).

[69] LI-PUMA J, NEWBERT S, DOH J. The Effect of Institutional Quality on Firm Export Performance in Emerging Economies: A Contingency Model of Firm Age and Size [J]. *Small Business Economics*, 2013, 40 (4).

[70] LITTUNEN H, TOHMO T. The High Growth in New Metal-based Manufacturing and Business Service firms in Finland [J]. *Small Business E-*

conomics, 2003, 21 (2).

[71] MANSKI C. Economics Analysis of Social Interactions [J]. *Journal of Economic Perspectives*, 2000, 14 (3).

[72] MARCEL F, CHRISTOPHER W. Identifying Gazelles: Expert Panels vs. Surveys as a Means to Identify Firms with Rapid Growth Potential [J]. *The World Bank Economic Review*, 2017, 31 (3).

[73] MARTIN A S, NICHOLAS O. In Search of Gazelles Using a Research DNA Model [J]. *Technovation*, 2006, 26.

[74] MARX M, STRUMSKY D, FLEMING L. Mobility, Skills, and the Michigan Noncompete Experiment [J]. *Management Science*, 2009, 55 (6).

[75] MASON C, BROWN R. Creating Good Public Policy to Support High Growth Firms [J]. *Small Business Economics*, 2013 (40).

[76] MAURO P. Corruption and Growth [J]. *Quarterly Journal of Economics*, 1995, 110 (3).

[77] MCKELVIE A, WIKLUND J. Advancing Firm Growth Research: A Focus on Growth Mode instead of Growth Rate [J]. *Entrepreneurship Theory and Practice*, 2010, 34.

[78] MCKENZIE D. Identifying and Spurring High-growth Entrepreneurship: Experimental Evidence From a Business Plan Competition [J]. *American Economic Review*, 2017, 107 (8).

[79] MOHR V, GARNSEY E, THEYEL G. The Role of Alliances in the Early Development of High-growth Firms [J]. *Industrial and Corporate Change*, 2014, 23 (1).

[80] MOONEY C Z, LEE M H. Morality Policy Reinvention: State Death Penalties [J]. *The Annals of the American Academy of Political and Social Science*, 1999, 556 (1).

[81] MORETTI E. Local multipliers [J]. *American Economic Review*: *Papers and Proceedings*, 2010, 100.

[82] NEUMARK D, KOLKO J. Do Enterprise Zones Create Jobs? Evidence from California's Enterprise Zone Program [J]. *Journal of Urban Economics*, 2010, 68 (1).

[83] NEUMARK D, WALL B, ZHANG J. Do Small Businesses Create More Jobs? New Evidence for the United States from the National Establishment Time Series [J]. *Review of Economics and Statistics*, 2011, 93 (1).

[84] PAHNKE E C, MCDONALD R, WANG D, et al. Exposed: Venture Capital, Competitor Ties, and Entrepreneurial Innovation [J]. *Academy of Management Journal*, 2015, 58 (5).

[85] PARKER S, STOREY D J, WITTELOOSTUIJN A. What Happens to Gazelles? The Importance of Dynamic Management Strategy [J]. *Small Business Economics*, 2010, 35.

[86] PESÄMAA O. Personnel and Action Control in Gazelle Companies in Sweden [J]. *Journal of Management Control*, 2017, 28 (1).

[87] POLAND O F. Program Evaluation and Administrative Theory [J]. *Public Administration Review*, 1974, 34 (4).

[88] PUGA T, TREFLER D. Wake Up and Smell the Ginseng International Trade and the Rise of Incremental Innovation in Low−wage Countries [J]. *Journal of Development Economics*, 2010, 91 (1).

[89] QIAN Y, WEINGAS B R. Federalism as a Commitment to Preserving Market Incentives [J]. *Journal of Economic Perspectives*, 1997, 11 (4).

[90] RENATA K, SVAJONE B, SARKA H. The Effects of Entrepreneurs' Characteristics on Internationalisation of Gazelle Firms: A Case of Lithuania [J]. *Economic Research*, 2019, 32 (1).

［91］ ROSENBAUM P R, RUBIN D B. The Central Role of the P-score in Observational Studies for Cause Effects ［J］. *Biometrika*, 1983, 70 (1).

［92］ RUIZ E M, YAP S F, NAGARAJ S. Beyond the Ceteris Paribus Assumption: Modeling Demand and Supply Assuming Omnia Mobilis ［J］. *International Journal of Economics Research*, 2008, 2.

［93］ RYZHKOVA N, PESÄMAA O. Absorptive Capacity, Collaboration with Customers and Innovation Performance of Gazelle Companies in Knowledge-intensive Industries ［J］. *International Journal of Innovation Management*, 2015, 19 (5).

［94］ SAMILA S, SORENSON O. Noncompete Covenants: Incentives to Innovate or Impediments to Growth ［J］. *Management Science*, 2011, 57 (3).

［95］ SHIPAN C R, VOLDEN C. The Mechanisms of Policy Diffusion ［J］. *American Journal of Political Science*, 2008, 52 (4).

［96］ SINGH A, WHITTINGTON G. The Size and Growth of Firms ［J］. *Review of Economic Studies*, 1975, 42 (1).

［97］ SMALLBONE D, BALDOCK R, BURGESS S. Targeted Support for High-growth Start-ups: Some Policy Issues ［J］. *Environment and Planning C: Government and Policy*, 2002 (20).

［98］ SORIN G A. Leverage and Firm Growth: An Empirical Investigation of Gazelles from Emerging Europe ［J］. *International Entrepreneur Management Journal*, 2019, 15.

［99］ SPENCE A M. Job Market Signaling ［J］. *The Quarterly Journal of Economics*, 1973, 87 (3).

［100］ STAM E. The Geography of Gazelles in the Netherlands ［J］. *Tijdschrift voor Economische en Sociale Geografie*, 2005, 96 (1).

［101］ STAM E, WENNBERG K. Theroles of R&D in New Firm

Growth [J]. *Small Business Economics*, 2009, 33.

[102] STIGLITZ J E. Markets, Market Failures and Development [J]. *The American Economic Review*, 1989, 79 (2).

[103] SUSANA B, LAATSIT M. Towards System Oriented Innovation Policy Evaluation? Evidence from EU28 Member States [J]. *Research Policy*, 2019, 48 (1).

[104] SVEN-OLOV D, NIKLAS E, DAN J. The Economic Contribution of High-growth Firms: Do Policy Implications Depend on the Choice of Growth Indicator? [J]. *Journal of Industrial Competition Trade*, 2014, 14.

[105] SVEN-OLOV D, DAN J, DANIEL H. Using the Eurostat-OECD Definition of High-growth Firms: A Cautionary Note [J]. *Journal of Entrepreneurship and Public Policy*, 2015, 4 (1).

[106] TEECE D. A Dynamic Capabilities-based Entrepreneurial Theory of the Multinational Enterprise [J]. *Journal of International Business Studies*, 2014, 45.

[107] TOLBERT C J, MOSSBERGER K, MCNEAL R. Institutions, Policy Innovation, and E-government in the American States [J]. *Public Administration Review*, 2008, 68 (3).

[108] TONG T, HE W, HE Z L, et al. Patent Regime Shift and Firm Innovation: Evidence from the Second Amendment to China's Patent Law [J]. *In Academy of Management Proceedings*, 2014 (1).

[109] TORNQVIST L, VARTIA P, VARTIA Y O. How Should Relative Changes Be Measured? [J]. *American Statistician*, 1985, 39 (1).

[110] VAESSEN P, KEEBLE D. Growth-oriented SMEs in Unfavorable Regional Environments [J]. *Regional Studies*, 1995, 29.

[111] VOLDEN C. States as Policy Laboratories: Emulating Success in the Children's Health Insurance Program [J]. *American Journal of Political*

Science, 2006, 50 (2).

[112] WALKER J L. The Diffusion of Innovations among the American States [J]. *The American Political Science Review*, 1969, 63 (3).

[113] WANG J. The Economic Impact of Special Economic Zones: Evidence from Chinese Municipalities [J]. *Journal of Development Economics*, 2013 (101).

[114] WRIGHT M, WESTHEAD P, UCBASARAN D. Internationalization of Small and Medium-sized Enterprises (SMEs) and International Entrepreneurship: A Critique and Policy Implications [J]. *Regional Studies*, 2007, 41.

[115] XU C. The Fundamental Institutions of China's Reforms and Development [J]. *Journal of Economic Literature*, 2011, 49 (4).

[116] ZHANG Y, YANG X, MA F. A Quantitative Analysis of the Characteristics of Rapid-growth Firms and their Entrepreneurs in China [J]. *Journal of Small Business and ZEnterprise Development*, 2008, 15.

[117] ZHENG S, SUN W, WU J, et al. The Birth of Edge Cities in China: Measuring the Effects of Industrial Parks Policy [J]. *Journal of Urban Economics*, 2017, 100.